INFANTICIDIO CLERICAL

última línea
de ensayo

INFANTICIDIO CLERICAL

Consecuencias catastróficas del celibato católico

Iván Gómez Avilés

Primera edición, octubre de 2024

© Última línea, S.L., 2024
Juan Cortés Cortés, 3
29010 Málaga
www.ultimalinea.es
editorial@ultimalinea.es

 www.facebook.com/EditorialUltimaLinea

 @EdUltimaLinea

ISBN: 978-84-18492-80-8
Depósito legal: MA 2440-2024
THEMA: QRMB1, DNXR

El Concilio de Aquisgrán del año 836 admite abiertamente que en los conventos y monasterios se han realizado abortos e infanticidios para encubrir las actividades de clérigos que no practican el celibato. A día de hoy, el celibato eclesiástico sigue siendo de obligado cumplimiento para todos los clérigos católicos.

ÍNDICE

AGRADECIMIENTOS

Corría aproximadamente el año 2000 cuando en una clase de literatura medieval, durante mis años como estudiante de Historia del Arte en la Universidad Complutense de Madrid, el hoy catedrático de Literatura Española José Ignacio Díez Fernández nos propuso un interesante tema de investigación: «El infanticidio en los conventos». Esta propuesta no me dejó indiferente, si bien es cierto que, por motivos personales, durante todos estos años hasta la fecha me he dedicado a otros asuntos. A principios de 2017 decidí comenzar a investigar sobre el tema, a partir de algunas recomendaciones bibliográficas del mencionado profesor y de su colega la profesora titular Rebeca Sanmartín Bastida. Quiero dar las gracias a ambos por su ayuda y especialmente al primero por proponer esta idea en clase.

Me gustaría destacar también a Fermín Mayorga Huertas por su labor de investigación en el ámbito de la historia de la Inquisición. Mayorga ha sacado a la luz algunos casos de infanticidio en conventos que se encuentran en la Sección de Inquisición del Archivo Histórico Nacional de Madrid y que figuran registrados en procesos inquisitoriales de fe contra religiosas. Estos casos serán comentados en este libro junto a muchos otros.

Aprovecho la ocasión para dar las gracias al Archivo Histórico Nacional (AHN) por su magnífico portal de búsqueda, llamado PARES, el cual cuenta con mucha de la documentación digitalizada en línea, permitiendo así trabajar desde casa y ahorrar tiempo y esfuerzo.

Agradezco también a la Biblioteca Nacional de España (BNE) por su excelente Hemeroteca Digital, que cuenta con artículos digitalizados de diferentes épocas, en la que hemos encontrado numerosos casos de infanticidio cometidos en el ámbito eclesiástico desde finales del s. XVIII a principios del s. XX. Gracias a esta hemeroteca me ha sido posible comprobar miles de artículos en los que aparece el término «infanticidio» en un tiempo relativamente razonable, ya que al abrir el artículo el lector es conducido a la parte del texto en donde aparece marcado en color el término buscado. Esto ha facilitado enormemente la labor de investigación, al no tener que leer los periódicos en su totalidad y poder descartar rápidamente los documentos no relevantes.

Finalmente me gustaría dar las gracias a todos los autores que se han dedicado a este tema, o a temas similares como la solicitación en confesionarios de iglesias y conventos y la conducta sexual del clero, ya que con sus publicaciones han contribuido a la realización del presente trabajo de investigación.

I

BREVE HISTORIA
DEL INFANTICIDIO

Aunque actualmente el infanticidio es considerado una práctica criminal horrible condenada como asesinato por la mayoría de los códigos penales de los países desarrollados, esto no siempre fue así. El infanticidio ha sido practicado por muchas culturas a lo largo de la Historia de la Humanidad, desde la Prehistoria hasta nuestros días, en muchas ocasiones por motivos de tipo práctico en beneficio de la comunidad y sin intención criminal. En la mayoría de países desarrollados el infanticidio ya no se recoge desde hace años como tipo delictivo independiente, siendo equiparado al asesinato en cuanto a su gravedad y penas de prisión. Sin embargo, hasta bien entrado el s. XX, en muchos países avanzados el infanticidio era un delito recogido como tal y que implicaba penas de prisión muy inferiores al asesinato u homicidio. En ocasiones, a los autores de estos delitos, generalmente madres solteras o protagonistas de relaciones ilegítimas, se les aplicaba un atenuante al dictaminar las sentencias que éstas habían cometido el delito para evitar la deshonra, el rechazo familiar y la marginación social. Con el cambio de mentalidad en las sociedades modernas, este argumento dejó de ser válido y el delito de infanticidio desapareció de la mayoría de códigos penales para ser equiparado al asesinato u homicidio, en función de las circunstancias.

A lo largo de la Historia, las motivaciones para la práctica del infanticidio han sido muy diversas, desde los casos de canibalismo de infantes en la Prehistoria hasta las prácticas de control demográfico realizadas en épocas recientes.[1] Desafortunadamente el infanticidio se sigue practicando en nuestros días, no solo como delito de tipo aislado, por mujeres enajenadas o en situación de pobreza y exclusión en sociedades modernas, o para evitar la deshonra en el caso de mujeres solteras en sociedades más conservadoras, sino de forma sistemática, por ejemplo, por parte de algunas tribus indígenas del Amazonas, sin ningún tipo de intervención por parte de las autoridades. En 2008 apareció el documental «Hakani, Enterrada viva. Una historia de supervivencia» (título original *Hakani: A Survivor's Story*), dirigido por David L. Cunningham, que cuenta el caso de Hakani, una niña superviviente enterrada vida en una tribu del Amazonas. Parece ser que en este caso concreto el infanticidio se practica en favor del bien general de la comunidad, por ejemplo, si el infante supone una carga para el grupo al quedar huérfano o al nacer con algún tipo de discapacidad o malformación. Después de las acusaciones de falsificación del documental, Sandra Terena, descendiente de indígenas, ha investigado sobre el tema demostrando en su propio documental, «Quebrando o silêncio» de 2009 (título en español «Rompiendo el silencio»), que estas prácticas efectivamente se siguen realizando actualmente, enterrando vivos a los niños y niñas no aceptados por la comunidad al suponer una carga para el grupo. En este caso vemos cómo el infanticidio se utiliza por un motivo práctico, en beneficio del bien común de la comunidad.

---

1   Sobre el infanticidio en la Prehistoria véase el artículo «Canibalismo infantil en Atapuerca», por Olalla Cernuda, Madrid, 25 de julio de 2006 – http://www.elmundo.es/elmundo/2006/07/21/ciencia/1153500417.html

Otra de las motivaciones para esta terrible práctica puede ser la falta de recursos en épocas de crisis, algo muy frecuente especialmente en zonas con territorio cultivable limitado como las islas. En el libro *Los aborígenes y la prehistoria de Canarias*, de Alfredo Mederos Martín y Gabriel Escribano Cobo, se describe cómo los habitantes de Gran Canaria sufrieron en el pasado graves alteraciones en su pirámide poblacional al practicar el infanticidio femenino, teniendo que recurrir incluso a la poliandria, sistema matrimonial en que la mujer compartía varios maridos.[2] En épocas de crisis se sacrificaban a todas las hijas de una pareja salvo a la primogénita.

Es un hecho demostrado que el infanticidio solía afectar más a las mujeres que a los hombres (feminicidio), ya que éstas eran considerabas como una carga al ser menos fuertes para desarrollar trabajos agrícolas y no servir en los ejércitos, al tener que otorgarles una dote para casarlas y al tener que prescindir de ellas después del matrimonio, tras haber invertido en su manutención, ya que éstas pasaban a vivir con el núcleo familiar del marido. El caso más paradigmático de infanticidios en masa femeninos y, por consiguiente, de alteración grave de la pirámide poblacional, es China. En este país asiático es frecuente el infanticidio de niñas, especialmente en zonas rurales, ya sea de forma activa o por abandono del menor, porque se prefiere tener hijos varones para ayudar en el campo y para evitar pagar la dote, lo que supone un verdadero esfuerzo económico para muchas familias. La práctica del infanticidio femenino fue agravada por la política del hijo único, vigente en China desde 1979 hasta finales de 2015, para controlar el crecimiento de la población. Al poder tener un solo hijo y preferirlo varón, muchos progenitores mataban o abandonaban a las niñas, ya que las multas eran importantes si se in-

---

2   Alfredo Mederos Martín y Gabriel Escribano Cobo: *Los aborígenes y la prehistoria de Canarias*. Centro de la Cultura Popular Canaria. 1ª Edición (2002), pág. 106.

cumplía esta medida. También era frecuente el aborto selectivo de niñas después de conocer el sexo de la criatura ilegalmente.[3]

Continuemos este estudio analizando otro tipo de motivaciones para cometer infanticidio y las formas en las que esta práctica suele producirse. Ya hemos mencionado el control demográfico, en épocas de escasez o para evitar la superpoblación, el desprecio por la mujer, el canibalismo o los defectos de nacimiento. Otro tipo de infanticidio es el motivado por la superstición o por la religión, hablamos de los sacrificios rituales para propiciar favores o aplacar la ira de los dioses o seres sobrenaturales. La arqueología da buena cuenta de estas prácticas en lugares como la América precolombina (Mesoamérica e Imperio Inca), donde por ejemplo los aztecas sacrificaban niños al dios Tlaloc para propiciar la lluvia; o en África, de nuevo para propiciar la fertilidad y las buenas cosechas.[4] También los fenicios y cartagineses hacían este tipo de sacrificios al dios Moloc.[5] Las culturas precristianas de Irlanda hacían sacrificios humanos, en ocasiones de niños, al dios Crom Cruach, muy probablemente también para propiciar buenas cosechas. La importancia de contar con buenas cosechas para garantizar los recursos alimenticios siempre fue un punto clave en las sociedades primitivas, ya que éstas no contaban aún con los medios tecnológicos necesarios para paliar las condiciones meteorológicas desfavorables; en algunas culturas tribales se practicaba el infanticidio para garantizar la supervivencia del resto de hermanos, ya que un exceso de vástagos podría tener como consecuencia que no se pudiese alimentar a todos. De esa forma,

---

3   Véase D. E. Mungello: *Drowning Girls in China - Female Infanticide since 1650*. Rowman & Littlefield Publishers (2008) (título en español *Ahogando niñas en China – Infanticidio femenino desde 1650*).

4   Véase António Carreira: *O infanticídio ritual em Africa*. Bissau, 1971 (título en español *El infanticidio ritual en África*).

5   Véase VV.AA.: «La problemática del infanticidio en las sociedades fenicio-púnicas». *Jornadas de Arqueología Fenicio-Púnica IX*, (Eivissa, 1994). Museo Arqueològic d'Eivissa i Formentera, 1995.

mediante el infanticidio se garantizaba la subsistencia de al menos una parte de la prole.

En la antigua Roma también era frecuente que los padres expusiesen a sus hijos si no los podían mantener. La mitología está llena de ejemplos, como el caso de la fundación de Roma por parte de los niños abandonados Rómulo y Remo, que sobrevivieron amamantados por una loba; además las leyes permitieron estas prácticas en algunos momentos de esta cultura, antes de que el infanticidio fuese considerado como crimen por la ley romana de 374 d.C. (recordemos que la figura jurídica *patria potestas* proviene del derecho romano y otorgaba el derecho al padre a disponer libremente de la vida de los hijos en el núcleo familiar).

En la Edad Media y Moderna continúa esta práctica, bien de forma activa o nuevamente por exposición de los niños. El infanticidio *honoris causa* (para preservar la honra) es un tipo de crimen que se produce especialmente en este periodo por parte de madres solteras, en caso de relaciones ilegítimas y prematrimoniales o en embarazos de monjas. La deformidad del neonato era otro motivo de infanticidio debido a la superstición y moral de esta época, ya que se decía que este tipo de infantes era fruto de relaciones ilegítimas, inmorales o consecuencia de la acción del diablo.

La pobreza es otra causa de infanticidio; en nuestros días no es infrecuente escuchar en los telediarios casos de madres que abandonan a sus bebés en contenedores de basura debido a su situación económica.

La venganza o violencia vicaria proporciona otro buen número de ejemplos, ya que en ocasiones el marido no se conforma con asesinar a la mujer sino que también lo hace con los hijos. Un caso reciente tuvo lugar en febrero de 2017 en el Hospital de La Paz de Madrid, cuando un ciudadano chileno saltó desde una ventana con su bebé en brazos después de discutir con la madre y tras decirle a ésta «te voy a dar donde más te duele», falleciendo ambos en el acto. Recordemos también aquí los mediáticos casos de José Bretón y Tomás Gimeno.

Finalmente describiremos los métodos más utilizados para llevar a cabo esta horrible práctica. En primer lugar tenemos un tipo de infanticidio no activo, nos referimos a la exposición o abandono de niños. En la Antigüedad se abandonaban niños en los bosques. Si el infante tenía suerte podría ser recogido por algún vecino, de lo contrario perecería de inanición o devorado por algún animal. En la Edad Media y Moderna continúa esta práctica, recurriéndose en muchas ocasiones al abandono en conventos para no tener que matar al infante. Es de justicia decir aquí que es posible que parte de los restos óseos de niños encontrados en conventos no provengan de infanticidios de hijos de monjas, sino de niños abandonados fallecidos por falta de atención o de medios en estas instituciones. Recordemos la alta mortalidad infantil de épocas pasadas, que hacía estragos en este sector de la población sin necesidad de recurrir al infanticidio.[6] Fermín Mayorga relata en sus conferencias cómo en ocasiones las monjas abandonaban a sus hijos en las puertas del convento en mitad de la noche, para que al pasar los primeros arrieros éstos avisasen de lo sucedido a las monjas, simulando así un falso abandono y evitado la práctica del infanticidio.

La sofocación fue uno de los métodos de infanticidio más practicados. Se trata de asfixiar al niño por aplastamiento generalmente en la cama. El método fue muy utilizado porque permitía simular fácilmente un accidente, con lo que se llegó a recomen-

---

6   Éste es probablemente el caso de los restos óseos encontrados en el Convento de Bon Secours en Tuam (Irlanda), en cuyos registros de defunción figuran casi 800 fallecimientos de niños por causa de las malas condiciones de vida y de diversas enfermedades como el sarampión y la tuberculosis. En un artículo encontrado en el periódico *El Sol* de Madrid con fecha 16 de junio de 1918 (Ano II - Núm. 196) figura la terrible estadística del 96 por ciento de fallecimientos de los niños que ingresaban en las inclusas españolas de la época, por causa de la miseria reinante en estos establecimientos. A pesar de ello, queda la duda de por qué los cuerpos de los niños fueron ocultados en el caso de Tuam si las muertes se habían producido por causa natural. Analizaremos este caso posteriormente.

dar a las madres no dormir con los bebés en la misma cama. En ocasiones se decía también que el niño asesinado había nacido muerto, aunque la docimasia hidrostática había sido descrita ya por Galeno. La docimasia pulmonar hidrostática, también conocida como prueba hidrostática o test de Raygat, es una técnica forense que permite determinar si el niño ha nacido muerto o si ha sido asesinado después de nacer. Los pulmones de un feto que ha respirado pierden densidad y, por lo tanto, flotan en el agua.[7]

Otras causas serían el ahogamiento, la negligencia, los malos tratos, la estrangulación o el degollamiento.[8] Como veremos más adelante, el inquisidor Juan Antonio Llorente dice en sus escritos que muchas monjas degollaban a sus hijos recién nacidos en los conventos. Algunas fuentes indican que algunas madres arrojaban a sus hijos al río Tíber. Con anterioridad ya hemos mencionado el enterramiento en vida practicado por algunas tribus del Amazonas y el sacrificio ritual de niños que, en el caso de las ofrendas al dios Moloc, parece ser que se llevaba a cabo incinerando a los infantes. En los artículos encontrados en la Hemeroteca de la Biblioteca Nacional figuran métodos horribles de infanticidio producidos entre finales del s. XVIII y principios del s. XX: infantes sofocados, estrangulados, asfixiados, degollados, arrojados por balcones o ventanas, tirados a ríos, al mar, depositados en la basura, en estercoleros, en huecos de árboles o en las vías del tren, enterrados vivos, encontrados muertos en sacos de ropa sucia, en cajas, maletas, entre colchones, arrojados a acequias, letrinas, alcantarillas, pozos y desagües, donde en muchas ocasiones aparecían con parte de sus miembros devorados por ratas, arrojados al fuego, muertos por fractura de cráneo, descuartizados y arrojados a perros o cerdos o abandonados

---

7   Fuente: http://www.cun.es/diccionario-medico/terminos/docimasia-hidrostatica

8   La película *El pequeño salvaje* de François Truffaut describe un caso real de un niño abandonado con una cicatriz en el cuello, que indicaría probablemente que habría intentado ser degollado, y que no solo superó las lesiones sino que sobrevivió varios años aislado en el bosque.

muertos en iglesias, como por ejemplo debajo de los bancos, en los confesionarios o en los altares.

Para concluir, es interesante destacar que el tema del infanticidio sigue de plena actualidad en nuestros días con la polémica en torno a la ley del aborto. Para los sectores más conservadores de la sociedad el aborto es equiparable al infanticidio, para los más progresistas, la madre debe tener el poder de decisión sobre el feto al menos hasta un punto determinado dentro del proceso de gestación.[9] Antiguamente el infanticidio era más practicado que el aborto, ya que tenía menos riesgo para la salud de la madre, aunque las fuentes informan de prácticas abortivas mediante diferentes brebajes y plantas ya en civilizaciones antiguas como Grecia y Roma, muchas veces causando la muerte de la madre por intoxicación. La intervención «quirúrgica» mediante cortes en momentos en los que la medicina no estaba avanzada o en épocas recientes en abortos clandestinos era muy peligrosa y provocaba con frecuencia la muerte de la madre por infecciones o hemorragias. Por otro lado, la vestimenta más holgada de épocas pasadas permitía ocultar el embarazo prácticamente hasta el final de la gestación, por lo que se recurría al infanticidio con frecuencia.

---

9   La polémica alrededor de la ley del aborto viene desde la Antigüedad. Los estoicos consideraban que el recién nacido no recibía el alma hasta ser expuesto al aire y Aristóteles dice que el alma no llega al feto hasta que éste se forma (40 días en los niños y 90 en las niñas). Fuentes de la Edad Media y Moderna hablan de feto animado o no animado en el contexto de las prácticas abortivas.

II

EL INFANTICIDIO EN LA MITOLOGÍA, EN LA BIBLIA Y EN LA LITERATURA

Es sorprendente observar la fuerte presencia del tema del infanticidio en los mitos grecolatinos, en la Biblia y en la literatura, hecho que probablemente indique que, al menos en algunos periodos, fueron unas prácticas frecuentes y realizadas incluso con cierto carácter de normalidad. Recordemos que los mitos clásicos solían tener una base de realidad, aunque las historias no lo fuesen, y eran fiel reflejo de la sociedad del momento, tratando aspectos humanos como el amor, los celos, la ira, la venganza, la honra, el destino, etc.[10]

La mitología griega proporciona un buen número de ejemplos de infanticidio. Quizás el más emblemático sea el de Cronos devorando a sus hijos, mito inmortalizado por el gran pintor Francisco de Goya en una magnífica obra que se encuentra en el

---

10   La mayoría de los mitos clásicos están recogidos en la *Teogonía* de Hesíodo, en las *Metamorfosis* de Ovidio y en los poemas homéricos, principalmente en la *Odisea* y en la *Ilíada*.

Museo del Prado de Madrid. Es interesante ver cómo los mitos clásicos pasaron a la tradición judeocristiana y fueron recogidos en la Biblia. La motivación por la que el dios Cronos (o Saturno en la mitología romana) devora a sus hijos es porque le había sido anunciado que sería destronado por uno de ellos, como sucedería de hecho al salvar Rea a su hijo Zeus dándole a Cronos una piedra envuelta en pañales en lugar del niño. Este mito lo encontramos de nuevo en la Biblia, si bien no exactamente igual, en el mito de Onán del libro del Génesis. Este personaje «se derramaba en tierra», es decir practicaba el *coitus interruptus*, para no perder los derechos de primogenitura. El hermano de Onán había fallecido con lo que, según la Ley judía, debía casarse con su cuñada Tamar. Los hijos que tuviese con ella no serían considerados hijos de Onán, sino hijos póstumos de su hermano, con lo cual no deseaba que Tamar quedase encinta para no perder dichos derechos.

Pero este no es el único caso, el tema de la exposición del infante lo encontramos, por ejemplo, en el mito de Moisés (Libro del Éxodo), que es abandonado por su madre; en este caso no para cometer infanticidio sino para evitar que fuese asesinado a consecuencia de la orden del faraón de Egipto de matar a todos los primogénitos hebreos. El infanticidio como sacrificio ritual lo encontramos en el mito del sacrificio de Isaac, cuyo padre Abraham se disponía a degollar a su hijo Isaac para demostrar su fe a Dios (Libro del Génesis). De nuevo vemos este tema en la Matanza de los Inocentes (Evangelio de Mateo, Nuevo Testamento) y en el Juicio de Salomón (Libro I de los Reyes). El primer ejemplo, similar al mito de Moisés, trata de la orden dada por Herodes I el Grande de ejecutar a los niños nacidos en Belén menores de dos años.[11] En el segundo mito el infanticidio activo

---

11   Es interesante observar el paralelismo entre la figura más importante del judaísmo y la del cristianismo. Moisés sobrevive a la exposición y Jesús a la Matanza de los Inocentes. La Matanza de los Inocentes también entroncaría con el mito de Cronos y Onán, ya que lo que Herodes intenta evitar es que Jesús tome el poder convirtiéndose en rey de los judíos.

no se llega a realizar, ya que Salomón es capaz de identificar a la madre verdadera del niño utilizando la argucia de ofrecer partir al infante por la mitad y repartirlo así entre las dos mujeres, ya que uno de los hijos de éstas había fallecido durante la noche aplastado por la madre mientras dormía. Este mito sí trata el infanticidio accidental por sofocación protagonizado por una de las madres.

En la tradición grecolatina ya hemos mencionado el tema de la exposición de los niños Rómulo y Remo con relación al mito fundacional de Roma y el mito de Cronos devorando a sus hijos. En el caso de Grecia también podemos citar al personaje de Edipo, que fue abandonado en el monte Citerón por orden de su padre Layo, rey de Tebas, después de que el oráculo le dijese que si engendrase alguna vez un hijo éste le daría muerte una vez adulto. Finalmente se cumplió la profecía, ya que Edipo fue dado a unos pastores, que lo entregaron al rey Pólibo de Corinto, y mataría una vez adulto a su padre Layo sin saberlo. Otros ejemplos, en este caso de infanticidio activo, los podemos encontrar en el mito de Medea, que mató a los dos hijos que había tenido en común con Jasón como venganza al haber sido abandonada por éste; en el mito de Tántalo, que asesinó y descuartizó a su hijo Pélope para dar de comer a los dioses en un banquete; o en el mito de Atamante, que mató a su hijo menor, Learco, atravesándolo con flechas, como consecuencia de la locura que Zeus y Hera le habían provocado. Finalmente podemos citar dos casos de sacrificio ritual, el último de ellos estrechamente relacionado con el mito bíblico de Isaac. Nos referimos al mito del Sacrificio de Ifigenia en la *Ilíada* de Homero y al mito de Idomeneo. Agamenón, rey de Micenas, decide sacrificar a su hija Ifigenia en honor de Artemisa para aplacar su ira, que se había materializado en una peste y en que los barcos no pudiesen zarpar hacia Troya porque los vientos estaban en calma. Por otro lado, Idomeneo, rey de Creta, promete al dios Poseidón sacrificar a su primogénito para que éste les saque sanos y salvos de una tormenta marítima durante su regreso desde Troya. El paralelismo con el mito de Isaac es claro, ya que el dios Poseidón decide en última instancia que no se lleve a cabo el sacrificio cuando varios miembros de la familia se ofrecen para sustituir al vástago de Idomeneo. Este tipo de mitos en los que aparecen infanticidios los podemos encontrar también en otras culturas y tradiciones.

A continuación vamos a analizar algunos casos de infanticidio en la literatura medieval mediante ejemplos del «Códice Rico» de las Cantigas de Santa María (Biblioteca de El Escorial), datado en la 2ª mitad del siglo XIII.[12] Con respecto a este tema cabe destacar los estudios de Irene González Hernando *El infanticidio* (UCM, 2013) y *Posiciones fetales, aborto, cesárea e infanticidio. Un acercamiento a la ginecología y puericultura hispánica a través de tres manuscritos medievales* (UCM, 2009), de Laura Cecilia Quiroga *De la concepción al nacimiento: La maternidad en las Cantigas de Santa María* (Universidad Nacional de Córdoba en Argentina, 2005) y la tesis doctoral de Carmen María Martínez Blanco *El niño en la literatura medieval. Para una historia social y de las mentalidades de la infancia* (UCM, 1991). Los ejemplos citados en este apartado se extraen de estos trabajos.

Las *Cantigas de Santa María* proporcionan un buen número de ejemplos de infanticidio motivados por diferentes causas. Una de las causas es el de la maternidad no deseada como consecuencia de relaciones sexuales censuradas socialmente como las extramatrimoniales, las de mujeres solteras y viudas o en el caso de la maternidad en monjas o también por discapacidad física o psicológica del infante. Como ya hemos mencionado, se consideraba que los hijos con deformidad o algún tipo de discapacidad eran resultado de relaciones inmorales o consecuencia de la acción del diablo. También aparece el tema del infanticidio como consecuencia de conflictos religiosos.

---

12   De las *Cantigas de Santa María* hay cuatro códices conservados: el Códice Toledano (Biblioteca Nacional de Madrid), el «Códice Rico» (Biblioteca de El Escorial), el Códice de Florencia (Biblioteca Nacional de Florencia) y el Códice Príncipe o Códice de los Músicos (Biblioteca de El Escorial).

En la Cantiga 17 vemos el caso de una mujer viuda que mantiene relaciones sexuales con su propio hijo quedando embarazada y arrojando a su hijo-nieto por una letrina sin bautizar. En la Cantiga 108 vemos un posible caso de intento de infanticidio por discapacidad del niño. Un padre judío intenta matar a su hijo que «había nacido con la cara vuelta hacia atrás»; finalmente interviene Merlín y el niño es salvado y posteriormente bautizado. En la Cantiga 4 un padre judío intenta matar a su hijo arrojándolo a un horno ardiendo cuando descubre que había ido a comulgar. En la Cantiga 6 un judío ve a un niño cristiano cantar a la Virgen María y lo mata. Éstos son solo algunos ejemplos, en los que generalmente intercede la Virgen María perdonando al autor, impidiendo el asesinato o resucitando a la víctima.

Laura Cecilia Quiroga cita en su artículo algunas Cantigas que tratan específicamente sobre monjas que escapan del convento con sus amantes llegando a quedar incluso embarazadas.[13]

Al margen de las cantigas, otro ejemplo muy conocido de infanticidio, en este caso de tipo ritual y realizado supuestamente por unos judíos conversos, fue el del santo Niño de La Guardia, que tuvo lugar a finales de la década de 1480 en la localidad toledana de La Guardia. Los acusados fueron sometidos a un proceso judicial y quemados vivos en Ávila el 16 de noviembre de 1491. Lope de Vega recogió este acontecimiento en una obra titulada *El niño inocente de La Guardia.*

Fuera de España podemos citar por ejemplo a los autores alemanes Goethe y Schiller. En su *Urfaust* (1774) Goethe recoge el caso del proceso judicial contra Susanna Margaretha Brandt, juzgada y condenada a muerte en 1771 en Frankfurt por el asesinato de su hijo recién nacido. En su poema *Die Kindsmörderin* (1782) Schiller narra el caso de una joven dama que mata a su hijo ilegítimo porque le recordaba al padre biológico.

---

13   Se trata de las Cantigas VII, LV, XCIV y CCLXXXV.

Finalmente analizaremos una interesante obra teatral contemporánea que narra un caso ficticio de infanticidio cometido por una monja en un convento canadiense.

La obra teatral *Agnes de Dios* se centra en un caso de infanticidio ocurrido en un convento cercano a Montreal, ubicado en la localidad de Berthierville, llamado *Les Petites Soeurs de Marie Madeleine* (Las Hermanitas de María Magdalena). Esta obra fue escrita por John Pielmeier en el año 1979 y estrenada en 1982; también fue llevada al cine por el director Norman Jewison en 1985 con el mismo título, película en la que Jane Fonda interpretaba el papel de la psiquiatra Martha Livingston. Finalmente, hay disponible un libro de Leonore Fleischer también con el mismo título, publicado en 1985.

La trama se desarrolla en el mencionado convento católico cerca de Montreal, donde la doctora Livingston investiga el caso de infanticidio, cometido supuestamente por la joven hermana Agnes, para evaluar sus facultades mentales y determinar si la acusada debe ser juzgada por un tribunal ordinario o recibir algún tipo de atenuante o absolución en caso de acreditarse su falta de conocimiento o de salud mental.

Martha Livingston va al convento a investigar, allí trata principalmente con la hermana Miriam Ruth, realmente tía de Agnes, que quiere protegerla a toda costa y no colabora de buena gana con la investigación.

La psiquiatra se entrevista en algunas ocasiones con Agnes, que siempre se muestra pura, inocente y desconocedora del asunto. Ésta solicita los planos del convento y la hermana Ruth dice que no los tiene. Va entonces a un archivo y encuentra tres versiones de los planos del convento. En una de ellas descubre el túnel secreto que comunica con el exterior. Livingston muestra los planos a Ruth, que no da importancia a esta información ya que, según ella, los túneles eran algo normal para desplazarse en caso de mal tiempo. En la versión en forma de libro de Leonore Fleischer, el pasadizo conducía a una cuadra donde Agnes se habría encontrado con el hombre que la habría dejado embarazada. En esta versión la psiquiatra no solicita los planos a la superiora, sino que acude al archivo por iniciativa propia.

Livingston consigue una orden judicial para utilizar la hipnosis y obtiene mucha información de Agnes, hasta llegar a la conclusión de que había sido ella misma quién había matado al niño estrangulándolo con el cordón umbilical y arrojándolo a una papelera junto a las sábanas ensangrentadas. La doctora descubre que Agnes había sufrido malos tratos, vejaciones y abusos por parte de su madre y que había sido rescatada por su tía, la hermana Ruth, e ingresada en el convento con poca edad, con lo que no sabía absolutamente nada del exterior ni mucho menos sobre sexo o procreación.

Al final de la obra de teatro Agnes no llega a ser juzgada, por no estar en plenitud de facultades mentales al no ser consciente de lo que estaba haciendo, y es devuelta al convento. Livingston especula con la identidad del posible padre del niño, pero no consigue averiguar quién fue. El padre Martineau era el confesor de Agnes y el único hombre que supuestamente tenía contacto con ella, pero fue inmediatamente descartado al tener unos 80 años de edad. Mediante la hipnosis descubre que la hermana Paul, la monja más cercana a Agnes, habría informado a ésta de la existencia del pasadizo secreto antes de morir y que la joven e inocente monja habría tenido contacto con algún hombre del exterior (Livingston especula con la posibilidad de que fuese algún peón del campo o trabajador de la zona). Por lo tanto, la conclusión final es que Agnes no sabía lo que hacía al haber sido ingresada en el convento de niña y no haber tenido contacto con el exterior y ser totalmente pura e inocente. En el libro de Fleischer no se especula con la identidad del posible padre, simplemente se desconoce.

III

ESTADO DE LA CUESTIÓN

Al margen de las fuentes primarias, es decir, las fuentes de la época y las fuentes de archivo que serán comentadas más adelante, conviene dar un vistazo general a las aportaciones de otros autores posteriores sobre el tema del infanticidio, solicitación y vida sexual del clero. En primer lugar, lo que me animó a hacer una investigación de este tipo es que es un tema que no se ha tratado monográficamente hasta el momento en relación al ámbito eclesiástico. Es cierto que hay testimonios al respecto en algunas fuentes, sobre todo podemos destacar aquí al escritor experto en historia de la Inquisición Fermín Mayorga Huertas. Este investigador ha sacado a la luz algunos casos de infanticidio en conventos, registrados en el Archivo Histórico Nacional, a través de diferentes conferencias y publicaciones como, por ejemplo, *Extremadura: Tierra de Brujas*. En este libro analiza el caso de Sor María del Cristo, religiosa profesa en el convento de San Juan de la Penitencia de monjas Clarisas de la villa de Belvís de Monroy. Muchas de sus conferencias se pueden consultar en Internet, como por ejemplo la que realizó sobre el tema en el Teatro Calderón de Motril el 13 de octubre de 2016.

Un tema estrechamente relacionado con el infanticidio es, por motivos obvios, el de la sexualidad del clero y la solicitación. La solicitación es el término empleado para definir la seducción que realizan los clérigos en los confesionarios, ya sea en iglesias en el caso de las feligresas o en los conventos en el caso de las monjas. Sobre este tema destaca el magnífico trabajo de investigación de Stephen Haliczer, antiguo profesor de la Universidad del Norte de Illinois, titulado *Sexuality in the Confessional* (1996). Este exhaustivo trabajo recoge infinidad de casos de solicitación del Archivo Histórico Nacional de Madrid datados entre 1530 y 1819 e incluso un caso de infanticidio, si bien no cometido por una monja sino por una joven feligresa debido a la mala praxis de su confesor. El autor analiza en su libro cómo la confesión adquiere mucha relevancia como control de la moral sexual cristiana y como forma de delación de la herejía especialmente después del Concilio de Trento, siendo obligatorio confesarse regularmente para todos los fieles.[14] La imposición de la confesión agudizó el problema de la solicitación y del abuso de poder, ya que los sacerdotes aumentaron su influencia al tener en sus manos la absolución de los fieles. Desde una mentalidad contemporánea es difícil de entender, pero en la época era imprescindible recibir la absolución del sacerdote para ser un buen cristiano ya que, de lo contrario, no se podía comulgar y se producía el estigma social. Por lo tanto, los confesores van a abusar de este poder para satisfacer sus deseos sexuales con las mujeres que confiesan, ya sean monjas o seglares. Como la confesión se impuso principalmente para el control de la moral, en los confesionarios se va a tratar con frecuencia el tema de la sexualidad, hecho que aprovechan los confesores (solicitantes) para ir construyendo una relación de confianza con sus feligresas hasta llegar a realizar proposiciones sexuales firmes. Recordemos que, incluso para las

---

14   Aunque la confesión se impuso ya en el IV Concilio de Letrán de 1215, era obligatoria solo una vez al año y no se ejercía excesivo control sobre quién cumplía o no la norma. Desde el Concilio de Trento 1545-1563 la confesión se hizo más estricta tanto en su frecuencia como en su obligatoriedad. Este concilio surge en el contexto posterior a la Reforma Protestante; recordemos que uno de los motivos del cisma del cristianismo occidental fue el tema de la sexualidad en el clero. Mediante el Concilio de Trento la Iglesia católica intenta mantener firme su posición al respecto.

relaciones sexuales dentro del matrimonio, la Iglesia prescribía estrictas normas de conducta como evitar determinados actos y posturas sexuales consideradas pecaminosas o la abstinencia en determinadas épocas del año como la Pascua.

El Archivo Histórico Nacional está plagado de procesos inquisitoriales contra clérigos solicitantes. A continuación vamos a comentar algunos de los casos más extremos que cita Haliczer, obteniendo así una visión general sobre el tipo de delitos de los que se solía acusar a los confesores. Todos los casos que indica el autor están documentados mediante citas al final de su libro, haciendo referencia al respectivo documento del Archivo Histórico Nacional.

En 1530, Alonso de Valdelomar, clérigo de Almodóvar del Campo, fue sometido a un proceso judicial en Alcalá de Henares acusado de intento de violación, blasfemia, relación con prostitutas, juego, tenencia ilícita de armas y de cobrar una tarifa obligatoria por administrar la absolución.[15]

Entre 1530 y 1532, Antonio de Pareja, clérigo de Ciempozuelos, fue juzgado por los abusos cometidos como confesor. Éste solicitaba continuamente favores sexuales de sus penitentes femeninas y llegó a convivir con una de ellas llamada Catalina Roldana. Cuando ésta se quedó embarazada y fue rechazada de la casa de sus padres, fue abandonada por Pareja sin recibir ningún tipo de ayuda quedando ella y su hijo en la indigencia. Parece ser que Pareja exigía a sus penitentes trigo y vino como pago para otorgar la absolución.[16]

En época medieval la confesión no se realizaba en los confesionarios sino que los penitentes se arrodillaban ante el sacerdote sentado en una silla o banco. Para evitar la tentación debido a este contacto excesivo, la Iglesia postridentina introdujo progresivamente el confesionario con dos habitáculos que separaban a confesor y penitente mediante una reja. Aunque este tipo de

---

15   AHN, Inq., 26 de febrero de 1530, leg. 233, exp.5

16   AHN, Inq., 31 de enero de 1532, leg. 231, exp. 11

confesionario separaba físicamente, también proporcionaba intimidad, favoreciendo que el problema se agravase. Además de solicitación, vamos a encontrar casos de relaciones sexuales de diferente tipo en el interior de los confesionarios. Haliczer menciona algún caso de masturbación mutua entre confesor y penitente.[17] Como muestra el autor, la solicitación en los confesionarios solía afectar casi exclusivamente a mujeres y hay muy pocos casos registrados de solicitación a hombres; aunque se sabe que muchos sacerdotes eran homosexuales, quizás no se atreviesen a solicitar a hombres. Los sacerdotes homosexuales generalmente acudían a menores, como el caso del profesor agustino García Ferrer, citado también por Haliczer, que fue enviado a galeras en 1617 por orden de la Inquisición por sodomizar a varios estudiantes de edades comprendidas entre los 10 y 12 años en la villa de Bétera.[18]

Haliczer cita también algunos casos de intento de violación y de violaciones consumadas de confesores a penitentes. Por ejemplo María Quadrada intentó dejar de confesarse con Pedro López, después de que éste la solicitase en el confesionario e intentase violarla. Bernarda Suárez de Quintana fue violada dos veces en su propia habitación por su confesor Mateo González, amigo de la familia. En este caso la mujer estaba enferma y no podía acudir al confesionario con lo que sus padres llamaron a este confesor. Confesar en casa a las personas enfermas era una práctica habitual.[19]

Algunos de los casos que cita Haliczer son realmente curiosos. Por ejemplo, Fray Pablo Ginard expresó a Juana Ana Tarrasa su deseo de afeitarle su vello púbico y de lavarle el clítoris. Además le preguntó a ésta si alguna vez había experimentado sensaciones

---

17   AHN, Inq., 20 de abril-2 de mayo de 1687, leg. 1705, exp. 20

18   Stephen Haliczer: *Sexuality in the Confesional*, pág. 109

19   Sobre el primer caso de violación: AHN, Inq., 22 de agosto de 1629, leg. 230, exp. 4. Sobre el segundo: AHN, Inq., 19 de mayo de 1696, leg. 1825, exp. 24

eróticas viendo copular a los perros.[20] Después de que el confesor Gabriel Canevas intentara sin éxito que Catalina Flexas y Proassi le masturbase, pidió permiso a ésta para «besar su clítoris varias veces».[21] Otros casos de este libro son el de una mujer que se confesaba con Fray Ginés de Carranza y que dejó de hacerlo porque éste se masturbaba durante las confesiones. Sorprendentemente tuvo después otros dos confesores que hacían lo mismo. Este caso es relatado por el inquisidor de Córdoba Miguel Ximénez Palomino en 1607. Para concluir el análisis del libro de Haliczer podemos citar el caso del confesor Gaspar de Nájera, que preguntó a Lucía Rodríguez, una mujer de 15 años de edad y recién casada con un labrador, sobre el tamaño del pene de su marido, si éste se lo había podido introducir por completo en su primera noche de bodas, si había sangrado mucho durante la penetración y dónde se había derramado la sangre.[22]

Otro autor que se ha ocupado de un tema estrechamente relacionado con la solicitación y con el asunto que nos ocupa es Eric Frattini en su libro *Los papas y el sexo* (2010). Este libro se centra especialmente en las relaciones sexuales de los papas y en la hipocresía, cinismo y falta de moralidad y de principios de esta institución. Aunque el autor documenta gran parte de las afirmaciones que realiza mediante fuentes de todo tipo, es cierto que algunas afirmaciones están sin documentar y otras se basan en rumores y leyendas de la época. El autor del libro avisa cuando las afirmaciones se basan en rumores y leyendas en un ejercicio de honestidad intelectual. Incluimos esta fuente en cualquier caso, ya que tiene un número suficiente de casos con apoyo documental.

Como se ha mencionado, el autor refleja detalladamente los comportamientos inmorales e hipócritas de la institución papal desde sus orígenes hasta la fecha de publicación del libro. Ya en

---

20   AHN, Inq., 4 de diciembre de 1767, leg. 1714, exp. 3
21   AHN, Inq., 24 de marzo de 1680, leg. 1712, exp. 10
22   AHN, Inq., 14 y 28 de abril de 1714, leg. 1826, exp. 2

épocas en las que el celibato comenzaba a imponerse en la religión católica, especialmente a partir del año 306 con el Concilio de Elvira, los papas y sacerdotes mantenían relaciones sexuales con mujeres, hombres, familiares, prostitutas, menores de edad y, en algunos casos, incluso con animales.[23] El autor también menciona casos de violaciones cometidas por papas, relaciones ilegítimas de éstos y cómo muchos papas fueron a su vez hijos de papas. El autor comenta además la situación dentro de los monasterios y las fallidas medidas de control impuestas para evitar las relaciones sexuales de frailes y monjas y analiza prácticas tan hipócritas como el proxenetismo papal y el *cullagium* o impuesto sacerdotal para poder tener concubina. Con respecto a la primera, en épocas en las que las arcas papales estaban vacías era frecuente permitir la prostitución únicamente en una zona concreta de Roma, controlada claro está por el papado, al que las prostitutas debían pagar parte de su recaudación. La segunda práctica tampoco deja de sorprender, especialmente cuando el *cullagium* llegó a ser de obligado pago para todos los sacerdotes católicos aunque no tuviesen concubina, con lo que muchos que no la tenían decidieron tenerla ya que había que pagar el impuesto de todas maneras. Finalmente el autor menciona un terrible caso de infanticidio conventual que será analizado más exhaustivamente en el apartado final. Parece ser que en época del papa Gregorio I (590-604), éste mandó drenar un lago cercano a un convento de Roma y que en su fondo reseco aparecieron los cráneos de numerosos niños que habrían sido ahogados o asesinados de diferentes maneras.[24] Este caso también se ha encontrado en otras fuentes durante la realización de este trabajo de investigación y, como

---

23   Posteriormente al Concilio de Elvira, el precepto del celibato se iría reafirmando en el Concilio de Cartago (387), en los sínodos de Metz y Maguncia (888), en el sínodo cuaresmal de Roma (1075) hasta llegar al Primer Concilio de Letrán (1123) que en sus cánones 3 y 21 impone la obligatoriedad del celibato para todos los miembros del clero. La norma del celibato fue reforzada en el posterior segundo Concilio de Letrán (1139) y en el Concilio de Trento (1545-1563).

24   Eric Frattini: *Los papas y el sexo*, pág. 70.

se ha mencionado, se comentará más adelante junto a muchos otros.

Pepe Rodríguez en su libro *La vida sexual del clero* (1995) también se ocupa de la hipocresía de la institución católica y de la falta de escrúpulos de muchos sacerdotes. El autor ofrece en su obra un compendio de testimonios reales de incumplimiento del celibato y de abusos sexuales y pederastia sufridos por víctimas de sacerdotes católicos entre los años 80 y 90.

En la mayoría de los casos los sacerdotes seducen a sus víctimas en el ámbito de la Iglesia y repiten el mismo modo de proceder. Si se trata de una mujer, la relación se mantiene en secreto el mayor tiempo posible y cuando la situación se hace insostenible o la mujer queda embarazada, el sacerdote es trasladado a otra diócesis por parte del obispado para evitar el escándalo. Algunos sacerdotes abandonan consecuentemente el sacerdocio para iniciar una vida en pareja cuando se enamoran de alguna mujer, pero la mayoría no lo hacen y la Iglesia tolera estas relaciones por falta de ministros, mientras no transcienda la verdad y se mantengan de forma discreta.

Pepe Rodríguez analiza lúcidamente las causas de este comportamiento hipócrita y los verdaderos motivos por los que se impuso el celibato, llegando a la conclusión de que muchos de los sacerdotes católicos incumplen el voto de castidad.[25] Mediante el celibato se controla mucho mejor al sacerdote y éste sale más barato al obispado; al no tener cargas familiares los sacerdotes se centran en su trabajo dentro de la Iglesia, disponen de movilidad geográfica y se les puede pagar un menor salario que si tuviesen familia a su cargo. Al fallecer un sacerdote, los bienes pasan a la Iglesia si éste no cuenta con familiares cercanos. Los sacerdotes son reticentes a abandonar la Iglesia porque no suelen disponer de otros estudios que les permitan ser independientes económicamente. Finalmente el autor analiza las graves conse-

---

25   El autor recuerda que el celibato no tiene justificación evangélica, ya que este precepto se impuso más de 300 años después de la muerte de Jesucristo.

cuencias psicológicas que produce el celibato y la represión sexual en los sacerdotes: aislamiento, soledad, carencias afectivas y desviaciones de tipo sexual como la pedofilia. Rodríguez recoge casos de sacerdotes que acuden a la prostitución, tanto femenina como masculina, de sacerdotes que practican el masoquismo y de mujeres que han llegado a ser violadas por sacerdotes. También menciona la homosexualidad en los seminarios, tema muy de actualidad después de que el Para Francisco manifestase que hay demasiado «mariconeo» en los seminarios. Esta frase no es ninguna ocurrencia del Santo Padre, sino que sabe muy bien de lo que está hablando, ya que numerosos sacerdotes son homosexuales.

En *Sexo e Inquisición en España*, publicado en 1992, Javier Pérez Escohotado analiza la represión sexual consecuencia de la Inquisición y agudizada después del Concilio de Trento. El autor cita ejemplos de la literatura que tratan el tema del sexo en los conventos, como por ejemplo el *Decamerón* de Bocaccio. En esta obra de la literatura italiana el personaje Masetto da Lamporecchio, un joven campesino que finge ser mudo, logra ser admitido como jardinero en un convento de monjas, a las que satisface sexualmente en la caseta de los aperos situada en el jardín. El rumor se extiende por el convento y la abadesa lo secuestra en su celda para disfrutar sexualmente de él de forma exclusiva, hecho que enfurece al resto de las monjas.

El autor también comenta diferentes casos de solicitación en el capítulo «El confesionario: templete de amor» y trata el tema del galanteo de monjas. Hoy en día las monjas ingresan voluntariamente en los conventos por vocación, pero en el pasado era frecuente que muchas monjas ingresasen en los conventos forzadas por sus familias, bien en el caso de mujeres difíciles de casar, por falta de hombres en épocas de guerra o porque la dote de las monjas era mucho más económica que en el caso del matrimonio. Este tipo de monjas sin vocación eran mucho más proclives a tener relaciones y a romper el voto de castidad, con lo que eran el objetivo de los denominados 'galanes de monjas', que merodeaban por los locutorios de los conventos. Pérez Escohotado menciona *El Buscón* de Francisco de Quevedo como ejemplo literario de este tipo de galanteos, en el que su protagonista don Pablos decide cortejar a una monja.

Por otro lado, Pérez Escohotado recoge el caso del médico y presbítero de Toledo Juan López Batanero, detenido en 1674. En su proceso judicial se menciona que éste daba recetas para causar abortos y que había causado el aborto a una mujer con una planta del río Jabalón.[26]

Finalmente el autor recoge también un caso de infanticidio perpetrado supuestamente por Baltasar Larroy, presbítero de la iglesia de Belchite, y por el agustino P. Pérez, que afectaría al hijo de la beata Gertrudis Marín, y que también será comentado en profundidad posteriormente.

En el libro *Erotismo en las letras hispánicas: Aspectos, modos y fronteras* (1995), editado por Luce López-Baralt y Francisco Márquez Villanueva, encontramos también un capítulo sobre el galanteo de monjas en la literatura con el título «El galanteo de la hermana San Sulpicio: vicisitudes modernas de un motivo erótico tradicional» firmado por Kevin S. Larsen. Este capítulo analiza específicamente la obra *La hermana San Sulpicio* (1889) de Armando Palacio Valdés, que es cortejada por el gallego Ceferino Sanjurjo. Sin embargo, el capítulo que más nos interesa de este libro es el firmado por José María Díez Borque con el título «Eros de convento: poesía contra monjas en el Siglo de Oro español». El autor analiza en este capítulo la sexualidad en los conventos a través de una poesía satírico-burlesca de los cancioneros manuscritos de la BNM de los siglos XVII y XVIII. Díez Borque defiende que este tipo de poesía busca la burla, la sátira y la comicidad y que no se debe pretender reconstruir la realidad de la época mediante este tipo de fuentes literarias. Lo cierto es que son innumerables los testimonios literarios que recogen el tema de la solicitación, el galanteo de monjas y la sexualidad

---

26   Javier Pérez Escohotado: *Sexo e Inquisición en España*, pág. 96-97.

en los conventos y, según mi opinión, resulta difícil de creer que surgiese este tipo de literatura si estos hechos no se produjesen en la realidad.

En el libro con el explícito título *El sexo en los conventos* de Juan Senta Lucca (1976) no se trata el tema del infanticidio, pero sí se habla sobre las relaciones sexuales entre frailes y monjas en los conventos y lo persuasivos que eran éstos hasta que finalmente las monjas accedían. El autor también menciona las prácticas abortivas mediante brebajes y que hay casos registrados de monjas que dieron a luz varias veces pero que nada se sabe de la suerte de las criaturas. Senta Lucca trata también de Miguel de Molinos y su secta: el molinosismo o quietismo. Miguel de Molinos escribió una *Guía espiritual* explicando su doctrina que fue un auténtico *best-seller* en la época. Como veremos posteriormente, Molinos predicaba una doctrina del cristianismo más liberal que en muchos casos desembocó en relaciones sexuales desenfrenadas entre sacerdotes y monjas y, como consecuencia, en la práctica de infanticidios. Éste es el caso del convento de Corella en Navarra que analizaremos posteriormente.

Otra obra interesante es *Historia sexual del cristianismo* de Karlheinz Deschner (1ª edición publicada en alemán en 1974 con el título *Das Kreuz mit der Kirche. Eine Sexualgeschichte des Christentums*). Este exhaustivo trabajo de investigación ofrece un análisis profundo de la sexualidad en el ámbito religioso, ritual y eclesiástico desde las culturas primitivas, pasando por la antigüedad clásica, hasta llegar a la tradición judeocristiana, desde el origen del cristianismo y las órdenes monacales hasta nuestros días. El autor analiza cómo el sexo se vivía como algo natural en épocas antiguas, llegando a tener incluso un carácter ritual en muchas civilizaciones, pero que empezó a ser proscrito y estigmatizado por algunas escuelas filosóficas como el neoplatonismo y el estoicismo en la época clásica hasta llegar a su máximo nivel de difamación y rechazo con el concepto del pecado de la tradición judeocristiana medieval, tergiversándose así toda la tradición pagana al respecto. Deschner analiza el surgimiento del monacato cristiano en el s. IV, afirmando que tiene su origen en los antiguos ascetas que poco a poco se van alejando de la sociedad. Según el autor, la primera orden monacal habría sido fundada por Pacomio en Tabennisi (Egipto) en el año 320 y tendría una estricta disciplina cenobítica de tipo militar, ya que Pacomio había sido un antiguo soldado. En el s. V el monacato se fue extendiendo por Siria y otras zonas de Asia hasta llegar a occidente. La castidad y el ascetismo se fue imponiendo como un valor clave en estas órdenes monacales, al menos de forma teórica, y algunos ascetas llegaron a practicar la emasculación (extirpar los órganos genitales), especialmente en Oriente y no tanto en Occidente.

Deschner también analiza la situación en los conventos con respecto al sexo llegando a la conclusión de que las medidas de control para evitar las relaciones sexuales en los conventos fueron poco eficaces y cita numerosos ejemplos de este tipo de relaciones. Por ejemplo se cita al Abad Clarembaldo de San Agustín (Canterbury), que llegó a tener 17 hijos solo en una aldea. En la Orden de Marienburg muchos capellanes sedujeron a doncellas y casadas mediante la confesión y llegaron a raptar incluso a niñas de tan solo nueve años.

Posteriormente hablaremos de los conventos mixtos, que según Deschner se comenzaron a suprimir a comienzos del s. IX debido a los continuos escándalos. Por ejemplo, en el monasterio mixto de Fontevrault, frailes y monjas se disciplinaban juntos en la espalda, trasero y genitales, parece ser que obteniendo placer ambas partes. El tema de la zoofilia también se trata en la investigación de Deschner; el autor llega a decir que en algunas órdenes como la de Marienburg se prohibió cualquier tipo de animal hembra.

Quizás uno de los casos que más sorprenden fue el del convento de Söflingen, cerca de la localidad alemana de Ulm. A causa de los continuos rumores el obispo de Kastell visitó el convento y encontró a la mayoría de las monjas embarazadas. Fuentes que analizaremos posteriormente proporcionan más detalles sobre este episodio.

El autor llega a realizar afirmaciones realmente sorprendentes, como que muchos conventos eran auténticos burdeles. En el monasterio de Kirchheim se realizaban orgías según el autor. El monasterio de Oberndorf fue denominado aparentemente el lupanar de la nobleza. En el de Gnadenzell en Suabia, llamado Offenhausen (casa abierta), las monjas estaban «día y noche» a disposición de sus pudientes invitados. Según al autor, otros conventos reconocidos como burdeles estarían en Interlaken, Frauenburn, Trub, Gottstadt (junto a Berna), Ulm y Mühlhausen. A pesar de que esta afirmación pueda parecer sorprendente, algo de cierta tiene que tener ya que, según Deschner, el consejo municipal de Lausana ordenó a las monjas que no perjudicasen profesionalmente a las rameras y el consejo municipal de Zúrich habría aprobado, según el autor, una ordenanza «contra las licenciosas costumbres de los conventos de mujeres».[27] Parece que este tipo de prácticas servían de financiación para los conventos.

Centrándonos en el tema que nos ocupa, y en vista del panorama expuesto anteriormente, no es de extrañar que en los conventos se produjesen embarazos no deseados y, por lo tanto, infanticidios para evitar los escándalos. Deschner menciona que en la época de la Reforma se encontraron muchos huesos de niños en conventos, algunos enterrados y otros en los lugares empleados para hacer las necesidades. El autor da casos concretos como el monasterio de Santa Brígida en Stralsund o el de Mariakron, en el que cuando fue destruido se encontraron «cabezas de niños e incluso cuerpecillos enteros, ocultos o enterrados, en aposentos secretos o en otros sitios». A continuación menciona también el hallazgo de los miles de restos óseos rescatados supuestamente en el estanque del mencionado convento en Roma.[28]

---

27   Karlheinz Deschner: *Historia sexual del cristianismo*, págs. 147-148.

28   Ibid., pág. 148.

Para finalizar con el análisis del libro de Deschner, podemos destacar un ejemplo que cita el autor y que probaría que las monjas disponían de consoladores y que se masturbaban con ellos. En Francia este tipo de aparatos se denominada «*bijoux de religieuse*» (joya de monja). Cuando en 1783 murió Marguerite Gourdan, propietaria de uno de los burdeles más famosos de la época, se encontraron entre sus pertenencias cientos de pedidos de tales objetos procedentes de diversos conventos franceses.[29]

Continuamos este apartado comentando dos fuentes en alemán. Max Bauer dedica un capítulo a la vida sexual en los conventos en su libro *Das Geschlechtsleben in der deutschen Vergangenheit* (aprox. 1920), (en español *La vida sexual en la Alemania del pasado*). El autor comenta la falta de castidad de los conventos y cita numerosos ejemplos de conventos en los que las monjas mantenían relaciones sexuales y en los que se celebraban orgías. Deschner toma los ejemplos de la obra de Bauer, ya que coinciden el nombre de los conventos: Gnadenzell, Kirchheim unter Teck, en el que según el autor el conde Eberhard el joven de Württemberg celebraba orgías junto a sus compañeros, y Söflingen, cerca de Ulm. El autor ofrece más detalles sobre el caso de Söflingen, comentado también por Deschner en su libro. El obispo que realiza la visita al convento fue Gaimbus de Kastell, que indignado informa al Papa, en un documento datado el 20 de junio de 1484, que ha encontrado a casi todas las monjas embarazadas además de cartas con contenidos subidos de tono y vestidos provocativos entre los enseres de éstas.[30]

El autor argumenta bien las afirmaciones que realiza en su libro remitiéndose a documentos y a las crónicas de la época como la Crónica de Zimmer o la de Augsburgo. Por ejemplo en la primera de ellas (Zimmerische Chronik III, 69), se relatan las orgías que se realizaban en el convento de Oberndorf por parte de la nobleza. Parece ser que allí se practicaba el siguiente jue-

---

29   Ibid., pág. 151.
30   Max Bauer: *Das Geschlechtsleben in der deutschen Vergangenheit*, pág. 76-77.

go erótico: las puertas de una sala se cerraban para mantenerla completamente a oscuras y se formaban parejas a ciegas para mantener relaciones sexuales entre los nobles y las monjas del convento. El autor relata cómo en una de las ocasiones uno de los nobles se dio cuenta de que le había tocado su propia hermana y, antes de comenzar la orgía, gritó a los presentes: «*Liebe Freunde, eilet nicht, lass noch einmal herumgehen – ich habe meine Schwester erwischt.*» (¡Amigos, no nos precipitemos, volvamos a organizarnos que me ha tocado mi hermana!).[31]

Como el autor menciona, este tipo de prácticas servían de vía de financiación a los conventos, ya que muchos nobles de la Selva Negra y de la zona del Neckar dejaban mucho dinero en estas instituciones.[32]

Con respecto a los infanticidios, Deschner se remite al libro de Bauer, con lo que también aquí se mencionan los numerosos restos óseos de niños encontrados en el convento de Mariakron cuando éste fue destruido y el caso del convento romano en cuyo estanque se encontraron miles de cráneos de niños cuando éste fue drenado. El autor menciona que hay testimonios escritos del obispo Ulrich de Augsburgo recogiendo este terrible hallazgo realizado durante el papado de Gregorio I.[33]

Con relación a los conventos masculinos, el autor informa que algunos monjes practicaban la sodomía, como bien demuestran las diferentes leyes realizadas para perseguirla, equiparándola al delito de herejía. Bauer cita el caso de cuatro religiosos condenados a muerte por sodomía el 2 de marzo de 1409 en Augsburgo: Jörg Wattenlech, Ulrich der Frey, Jakob der Kiss y Hans Pfarrer.[34]

En el año 1928 Stephanus Hilpisch publica su tesis doctoral sobre los conventos mixtos con el título *Die Doppelklöster: Enstehung und Organisation* (Surgimiento y organización de los

---

31   Ibid., pág. 78 (Zimmerische Chronik III, 69).

32   Ibid., pág. 77.

33   Ibid., pág. 79.

34   Ibid., pág. 80-81.

conventos mixtos) en la Facultad de Filosofía de la Universidad de Bonn. Este tipo de instituciones eran especialmente críticas, ya que los frailes y monjas vivían bajo el mismo techo. Al inicio del libro Hilpisch diferencia claramente entre conventos mixtos y conventos vecinos. Con frecuencia los conventos de monjas tenían cerca un convento masculino del que dependían, pero en este caso se trata de un mismo edificio para monjas y frailes. El autor menciona cómo ambos grupos vivían de forma aislada bajo el mismo techo y bajo estrictas medidas de vigilancia pero, como se ha demostrado en muchas ocasiones, dichas medidas de control se mostraron ineficaces y los contactos sexuales entre monjas y frailes o entre monjas y frailes con otras personas del exterior eran frecuentes. Las suspicacias sobre este tipo de instituciones provocaron que la mayoría de ellos desapareciesen en el s. IX, aunque volvieron a surgir en el s. XI en Francia y Alemania. En España fueron muy populares y estuvieron vigentes desde el s. VI al s. XII, experimentando su edad de oro cuando la mayoría de los conventos de este tipo ya habían desaparecido en Oriente y Occidente. En Inglaterra había una gran tradición y muchos conventos fueron fundados ya en origen como mixtos, no convirtiéndose en mixtos a posteriori, tal y como sucedía normalmente en otros países. Muchos conventos mixtos se formaban por unión de dos conventos vecinos masculino y femenino respectivamente. Generalmente los conventos femeninos tenían un convento masculino vecino del que dependían para recibir asistencia de los frailes en los trabajos agrícolas más duros, durante los servicios religiosos y para la confesión. Los conventos mixtos tienen su origen en el cristianismo oriental desde el mismo surgimiento de las órdenes monacales, se extendieron progresivamente a Occidente y hubo ejemplos de ellos en los principales países europeos como Irlanda, Inglaterra, Francia, España, Italia y Alemania.

Otra fuente en lengua alemana es el polémico libro *Der Pfaffenspiegel – Historische Denkmale des christlichen Fanatismus* (1845) de Otto von Corvin (en español *El espejo del clérigo – Hitos históricos del fanatismo cristiano*). El capítulo sobre la vida en los conventos retrata a los monjes como borrachos, viciosos, promiscuos, sodomitas, infanticidas e incluso zoofílicos.[35]

Una última fuente en lengua alemana y, quizás, la más completa es *Geschichte der Sexualität – Von den Anfängen bis zur Gegenwart* (2016) del profesor Gerhard Fritz (en español *Historia de la sexualidad – Desde los orígenes hasta la actualidad*). El libro recoge todos los casos mencionados y otros muchos como, por ejemplo, uno muy interesante que figura en la Crónica de Zimmer. En el convento benedictino alemán de Schmerlenbach, (Hösbach, diócesis de Würzburg), comenzaron a producirse una serie de embarazos misteriosos hasta que descubrieron que una de las últimas monjas que había ingresado en el convento era en realidad un joven. El hecho fue descubierto de una manera realmente hilarante, ya que la abadesa hizo que se desnudasen dos monjas sospechosas delante de ella. El joven reaccionó al ver a la otra monja desnuda y tuvo una erección de su pene que tenía oculto recogido entre sus piernas.[36] El profesor Gerhard Fritz no da credibilidad al caso de los embarazos de Söflingen a pesar de estar recogido documentalmente.

A continuación podemos mencionar una fuente en inglés titulada *English Monasteries in the Middle Ages* de G.H. Cook (1961), (en español *Monasterios ingleses en la Edad Media*). El libro tiene dos capítulos interesantes sobre la vida de las monjas y frailes respectivamente. Con respecto a las monjas el autor menciona un hecho sorprendente. Cook relata la visita del vicario general del arzobispo Morton a la abadía de Romsey en 1492 en la que descubre que sus monjas se desplazaban libremente a la ciudad, iban a las tabernas y bebían cerveza en el convento.[37]

---

35   Otto von Corvin: *Der Pfaffenspiegel*, págs. 209-254.

36   Gerhard Fritz: *Geschichte der Sexualität – Von den Anfängen bis zur Gegenwart*, págs.145-146. Para más información véase todo el capítulo sobre el tema *Von der Sexualität „des Mittelalters" zur Lustfeindlichkeit des Pietismus?*, págs. 134-211.

37   G.H. Cook: *English Monasteries in the Middles Ages*, pág. 225.

Finalmente podemos destacar a la profesora francesa Valérie Molero, que ha tratado este tema mediante un ensayo que analiza el caso de un convento concreto titulado *Un presunto caso de complicidad diabólica en el siglo XVIII: Alonso de Osuna y las religiosas del convento de Santa Clara de Antequera*. Este caso será analizado en el apartado final junto al resto de casos de infanticidios conventuales.

IV

LOS INFANTICIDIOS DE LAS REVELACIONES DE LA MONJA MARÍA MONK

Al otro lado del Atlántico vamos a encontrar una fuente interesante sobre el tema. Se trata de un pequeño libro autobiográfico de una supuesta monja católica llamada María Monk, escrito en 1836, y que se convirtió en un *best-seller* en la época. Ella asegura que el testimonio que relata en el libro es totalmente cierto, de hecho el título que tiene la obra, al menos en la versión que yo he consultado, es *The Awful Disclosures of Maria Monk - What I have written is true.* (Las terribles revelaciones de María Monk - ¡Lo que he escrito es cierto!). Investigaciones posteriores, basadas especialmente en la no coincidencia de las descripciones del convento que Monk realiza en su libro con la disposición real del mismo, en inconsistencias en los nombres de las órdenes conventuales de la ciudad de Montreal y en testimonios de personas relacionadas con la supuesta monja, parecen desacreditar la versión de María Monk.

De padres escoceses, María Monk residió en la ciudad canadiense de Montreal, donde tuvo una educación protestante. Su madre era protestante y con seis o siete años de edad acudía a una escuela en la *Sacrament Street,* donde tuvo un profesor también protestante llamado Mr. Workman. Sin embargo, muchas de sus amigas asistían a la escuela católica del convento de la Congregación de las Hermanas de la caridad y Monk decide entrar allí también. En aquella época había tres conventos en Montreal según Monk: *Congregational Nunnery* (o convento de la Congregación, es en el que ella habría comenzado sus estudios), el *Black Nunnery* o convento de la Hermana Bourgeoys (sería el convento de los hábitos negros, donde Monk habría sido monja) y el *Grey Nunnery* (o convento de los hábitos grises). Parece ser que esta descripción que realiza Monk presentaría inconsistencias, por ejemplo el convento *Congregational Nunnery* no pertenecería a las Hermanas de la Caridad, sino que habría sido fundado por Marguerite Bourgeoys y, por lo tanto, habría pertenecido a la Congregación de Nuestra Señora de Montreal. El *Black Nunnery*, donde supuestamente Monk habría sido monja, sería el Hôtel-Dieu de Montreal, perteneciente no a la Hermana Bourgeoys sino a las Religiosas Hospitalarias de San José, que a pesar de portar hábitos negros no eran conocidas como «monjas negras» y, finalmente, el *Grey Nunnery* sería el que pertenecería realmente a las Hermanas de la Caridad.

Antes de continuar comentando el libro de María Monk podemos citar una fuente crítica de la época. En la página 3 de la edición del 9 de agosto de 1836 del periódico *National Gazette & Literary Register*, de Filadelfia, encontramos un breve pero interesante y esclarecedor artículo con el título «Maria Monk's Awful Disclosures» que, de ser ciertas sus afirmaciones, desacreditaría la historia relatada por esta supuesta monja.

En al artículo se menciona que el Hôtel-Dieu de Montreal fue inspeccionado por una comisión de diferentes miembros bajo juramento, que llegó a la conclusión de que las descripciones que realiza María Monk del convento no tendrían nada que ver con la disposición real del mismo. Este artículo es de gran valor, ya que cita los nombres de los miembros de esta comisión de investigación entre los que se encuentra un arquitecto. A continuación los nombres de la misma: reverendo Mr. Curry, secretario de la

Home Missionary Society, el reverendo G. W. Perkins, pastor de la Iglesia Presbiteriana americana, el reverendo Henry Esson, pastor de la Iglesia Presbiteriana escocesa, Benjamin Homes, cajero del Banco de Montreal y juez de paz, el arquitecto y supervisor John Ostell y finalmente John Jones, editor del periódico *Ami du Peuple*. La conclusión a la que llega el artículo es que María Monk jamás habría sido monja en este convento, sino que habría residido en el Asilo de la Magdalena de Montreal, centro para prostitutas penitentes, y que los nombres de las hermanas del convento que se citan en el libro serían realmente nombres de mujeres que habrían vivido en dicho asilo mientras Monk estuvo allí, es decir, tanto ella como el resto de las mujeres serían prostitutas. Para no dejar lugar a dudas, el artículo menciona los testimonios bajo juramento de Jane Ray, citada continuamente en el libro como supuesta monja de la máxima confianza de Monk, los de María Howard, Miss Reed y Jane McCoy, prostitutas del asilo mientras Monk residió allí y, finalmente, otros testimonios de personas de las que no se mencionan los nombres que habrían vivido con Monk en la época en que ésta asegura que residió en el convento. En el apéndice de la edición del libro de Monk, que he consultado, se habla de las comisiones de investigación que se ocuparon del tema y se critican sus contradicciones e inconsistencias, volviendo a insistir en que la versión de la supuesta monja es real.

Continuando con el libro, Monk recibe en este convento (supuestamente *Black Nunnery*) una estricta educación católica y poco a poco se va involucrando más y más en la vida conventual, hasta pasar a ser novicia y, posteriormente, a tomar los votos y a ser ordenada oficialmente monja. Monk describe un clima conventual de clausura, muy estricto y con continuos castigos y amenazas. Relata incluso torturas físicas infringidas contra las hermanas por incumplir las normas conventuales, que llegaron a causar la muerte a una de ellas, la hermana St. Frances, que se niega a participar de los infanticidios y es atada a su cama y asfixiada por otras hermanas saltando sobre su cuerpo. En la época como novicia Monk no tenía acceso a todas las dependencias del convento; sin embargo, después de ser ordenada monja y de haber jurado silencio y fidelidad al convento, poco a poco se van revelando todos sus horribles secretos.

Era frecuente que los conventos de monjas estuviesen controlados por frailes y que dependiesen económicamente de ellos, este es uno de los factores clave para entender la dominación que los frailes ejercían sobre las monjas a todos los niveles. En el libro de Monk vemos cómo los frailes de conventos cercanos podían acceder y moverse libremente por el convento; esta práctica se hacía de forma disimulada, por medio de túneles o entradas muy discretas. Monk relata la vida de las monjas bajo clausura y cómo su único contacto con el exterior eran estos frailes, que a su vez eran sus confesores. Los autores que han tratado el tema de la solicitación (o seducción) de monjas en los confesionarios de los conventos siempre llegan a la misma conclusión: el aislamiento y falta de afectividad en un estricto ambiente de clausura conventual, sumado a la fuerte dependencia económica de los conventos femeninos con respecto a los frailes, convertían a las monjas en presas fáciles para las manipulaciones de estos frailes confesores que a menudo buscaban aprovecharse sexualmente de ellas, cosa que de hecho conseguían en numerosas ocasiones. Monk relata en su libro cómo las monjas superiores ordenaban que siempre se debía hacer lo que los frailes o confesores estipulasen.

Según Monk, el convento era prácticamente un harén para los frailes de conventos cercanos, los cuales accedían en todo momento al mismo, con la connivencia de las monjas superiores, para obtener relaciones sexuales de las monjas más jóvenes. Monk relata cómo, en muchas ocasiones, los frailes las esperaban por la noche en sus camas cuando éstas regresaban a sus celdas después de un duro día de trabajo y oración. Las monjas debían acceder siempre a las peticiones de los frailes. Muchas monjas habrían quedado embarazadas a causa de estas relaciones y los niños eran inmediatamente asesinados al nacer, siendo previamente bautizados.[38] Monk relata en el libro que en una ocasión la superiora la envió al sótano a por carbón y que fue en ese momento cuanto descubrió supuestamente una fosa con cal donde los niños eran depositados después de ser asesinados.

El libro termina con Monk escapando embarazada después de siete años residiendo en el convento. Ésta asegura que así ha salvado la vida de su hijo, cuyo progenitor sería el padre Phelan, sacerdote de la Iglesia católica de Montreal. Monk arroja las cifras de entre 18 y 20 niños asesinados y enterrados en el sótano durante el periodo que residió allí y otras tantas monjas desaparecidas misteriosamente; la supuesta monja no recuerda el número exacto pero dice que unas cinco o probablemente más. Según Monk, Jane Ray le habría confesado que tres monjas se habrían suicidado en el convento. El libro incluye también una lista de castigos a los que las hermanas eran sometidas, algunos de ellos muy desagradables como beber el agua con la que la superiora se había lavado los pies, besar los pies a otras monjas, arrodillarse sobre guisantes duros o caminar con ellos en los zapatos, quemarse con hierros incandescentes hasta dejar marcas, dormir sobre el suelo en invierno, pasar horas rezando con los brazos extendidos, masticar trozos de cristal de las ventanas hasta reducirlos a polvo en presencia de la superiora o vestir cinturones con puntas metálicas.

---

38   Curiosamente algunas fuentes mencionan que la pena por infanticidio solía ser inferior en la época de la Inquisición si se bautizaba al recién nacido, ya que así se salvaba su alma.

V

EL CONVENTO DE *BON SECOURS* DE TUAM, IRLANDA

La historiadora irlandesa Catherine Corless ha sacado a la luz no hace muchos años un espeluznante caso que afecta al convento de Bon Secours (convento del Buen Socorro) de la localidad irlandesa de Tuam, en el condado de Galway.[39] En las cercanías del convento se han encontrado fosas con numerosos restos óseos de infantes, con edades comprendidas entre las 35 semanas de gestación y los pocos años de edad. Esta institución fue gestionada por monjas católicas, funcionando como casa de acogida para madres solteras entre 1925 y 1961. El caso de Tuam salió a la luz cuando un estudio de Catherine Corless descubrió certificados de defunción indicando que 796 niños yacían en el espacio que ocupaba un tanque séptico del edificio del hoy ya desaparecido convento, por lo tanto, los restos no tenían ningún tipo de lápida ni identificación.[40]

---

39   La institución, conocida también como *The Home*, contaba con un centro de acogida para madres solteras, es decir, mujeres consideradas «desviadas, inmorales o perdidas» según la mentalidad de la época. Algunas mujeres solteras embarazadas fueron enviadas forzosamente al convento para evitar la vergüenza y el rechazo social en el seno de sus familias.

40   Aunque el convento fue derribado para construir casas, la intervención de los vecinos ha permitido que se preserve la zona donde se situaba la fosa común.

La existencia de la fosa se conocería desde el año 1975, pero habría sido ocultada hasta hace pocos años del dominio público.[41] La noticia fue publicada en numerosos medios de comunicación a principios de junio de 2014 como, por ejemplo, *El País, El Mundo, Semana, El Periódico* o *La Razón*, y también encontramos noticias más recientes y actualizadas como el artículo de la Agencia EFE «Hallan 'gran número' de niños enterrados en una fosa de un convento irlandés» del 3 de marzo del 2017. Todos estos artículos, y muchos otros de la prensa internacional, están disponibles en línea en formato digital realizando una simple búsqueda en Internet. Los informativos de Telecinco de las 21 horas del 3 de marzo de 2017 y los de La Sexta de las 14 horas del 4 de marzo de 2017 también se hicieron eco de esta noticia comunicando que se continúa investigando.[42] La fecha del 3 de marzo de 2017 es clave porque fue el día en que la comisión de investigación hizo públicos los resultados de las excavaciones realizadas entre noviembre de 2016 y febrero de 2017, confirmando la presencia de numerosos restos óseos en el lugar.[43]

Las investigaciones hacen pensar que en el caso del convento de Tuam estos fallecimientos de niños no serían infanticidios directos cometidos por las monjas o las madres, es decir, los niños no habrían sido asesinados, sino que habrían muerto por las precarias condiciones de vida y la falta de higiene. Los certificados de defunción a los que ha tenido acceso Corless, de ser fidedigno su contenido, indican que los niños habrían muerto en su mayor parte como consecuencia de enfermedades infecciosas como la

---

41   «Descubierta en Irlanda una fosa con casi 800 esqueletos de niños», por Patricia Tubella, Londres, 4 de junio de 2014 - http://sociedad.elpais.com/sociedad/2014/06/04/actualidad/1401871142_079898.html

42   El gobierno de Dublín había establecido una comisión de investigación en 2015 bajo la supervisión de la juez Yvonne Murphy.

43   Hasta el momento se contaba únicamente con los registros de defunción encontrados por Corless en los archivos, pero faltaba comprobar *in situ* que sus averiguaciones eran ciertas. En 1975 dos niños de 12 años que jugaban en la zona habían encontrado un agujero con numerosos restos óseos de infantes, pero el caso no salió a la luz hasta que fue retomado por Corless.

tuberculosis, el sarampión o la neumonía, por partos prematuros o malnutrición. Recordamos aquí que la muerte de un infante por omisión de atención y socorro o por negligencia también está tipificada como delito grave en la mayoría de los códigos penales. Las investigaciones deberán determinar si hubo comportamiento negligente de las monjas o infanticidios, aunque todo parece indicar que el caso de Tuam no es el único escándalo de la Iglesia católica de Irlanda.[44] El Gobierno irlandés ya ha aceptado conceder compensaciones económicas de hasta 100.000 euros a las 600 mujeres que aún viven de las más de 10.000 que estuvieron encerradas entre 1922 y 1996 en las llamadas lavanderías de la Magdalena en Dublín, dirigidas por monjas católicas, en las que se realizaban trabajos en condiciones de semiesclavitud, llegando a fallecer muchas de ellas. Otra noticia de *El País* del 26 de junio de 2013 habla sobre estas lavanderías, cuya existencia empezó a ser conocida a principios de los años 90, después de la exhumación de 155 cadáveres enterrados en las lavanderías de la Magdalena.[45] Según el mencionado artículo de la Agencia EFE, además de la fosa de Tuam, existen otros tres centros de las Hermanas del Sagrado Corazón de Jesús, ya inactivos, que tienen en sus dominios las llamadas 'parcelas de ángeles', donde se cree que podrían estar enterrados unos 3.200 niños.[46] Según la citada noticia de *El País* del 4 de junio de 2014, estarían saliendo a la luz detalles sobre el descubrimiento en los años 70 de un gran número de restos humanos no identificados en un depósito de agua cercano al mismo centro de acogida del convento de Tuam, y que

---

44   Parece ser que el convento recibía de las autoridades 1£ semanal por cada niño internado, una cantidad bastante escueta, incluso para la época, que quizás no permitía a las monjas cuidar de los niños correctamente.

45   «Irlanda indemniza a las mujeres de las lavanderías de la Magdalena», por Walter Oppeheimer, Londres, 26 de junio de 2013 - http://sociedad.elpais.com/sociedad/2013/06/26/actualidad/1372268715_608583.html

46   «Hallan gran número de niños enterrados en una fosa de un convento irlandés», EFE, Dublín, 3 marzo de 2017 - http://www.efe.com/efe/espana/sociedad/hallan-gran-numero-de-ninos-enterrados-en-una-fosa-un-convento-irlandes/10004-3197002

podrían corresponder a niños cuyo internamiento ni siquiera fue registrado en los archivos de la congregación del Buen Socorro.

Recordemos que el convento del Buen Socorro de Tuam únicamente estuvo funcionando como casa de acogida durante un periodo de 36 años, de 1925 a 1961, como se ha mencionado anteriormente. Con un total aproximado de 800 esqueletos de infantes, esto arroja una media de unos 22 fallecimientos de niños al año. Es sabido además que muchas de las madres fueron obligadas a entregar forzosamente a sus hijos en adopción.[47]

Actualmente un grupo de vecinos de Tuam está intentando paralizar la remodelación del antiguo *Grove Hospital* de la ciudad, en su día dirigido también por la orden del Buen Socorro, ante la sospecha de la presencia de restos óseos de niños. Algunos vecinos de la zona manifiestan que se enterraron niños allí entre la década de los años 50 y 70.[48]

---

[47] En un folleto para recoger fondos y erigir un monumento conmemorativo en el lugar con el nombre, fecha de defunción y edad de todos los niños, Corless menciona algunos de los casos traumáticos de adopción. Bajo nombres ficticios se relatan diferentes experiencias de niños. Hubo casos en los que los infantes tuvieron una buena vida, sobre todo cuando éstos eran adoptados por padres sin hijos, pero en otros muchos fueron utilizados como mano de obra casi esclava por las familias de acogida. Corless relata el caso de madres separadas forzosamente de sus hijos, de niños que pasaban hambre y que fueron explotados en la realización de trabajos agrícolas y para cuidar de la casa y de sus hermanastros. Los casos más espeluznantes son quizás el de Michael, que desinflaba voluntariamente las ruedas de su bicicleta porque sabía que al pedir una bomba en alguna de las casas del lugar le ofrecerían un té y algo de comer o el de Paddy, cuya madre trabajaba en Londres y enviaba dinero para su manutención al convento de Tuam, sin saber que las monjas hacía mucho tiempo que habían dado a su hijo en adopción. Por supuesto, las hermanas seguían recibiendo gustosamente el dinero de la madre. Paddy fue explotado por su familia de acogida, que permitía que el niño fuese con harapos y descalzo en invierno, pero que cuando venía el inspector le lavaban y le vestían con las mejores ropas y zapatos que le eran inmediatamente retirados cuando terminaba la inspección. Véase: http://motherandbabyhome.com/booklet.pdf

[48] Véase «Grove plan heads to Bord Pleanála amid burial claims», por Siobhan Holliman, Tuam, 22 de marzo de 2017 - «http://www.tuamherald.ie/news/roundup/articles/2017/03/22/4137046-grove-plan-heads-to-bord-pleanla-amid-burial-claims/

Ya que, debido a sus contradicciones, no podemos otorgar total credibilidad a las memorias de María Monk y, en el caso de Tuam, no se puede afirmar que hubiesen fallecido niños por causa de infanticidios cometidos directamente por las monjas, lo mejor es acudir directamente a casos probados y a las fuentes de archivo.

VI

EL INFANTICIDIO EN LOS CONVENTOS Y EN EL ÁMBITO ECLESIÁSTICO: UN VIAJE POR ARCHIVOS, HEMEROTECAS Y FUENTES SECUNDARIAS

En este capítulo vamos a analizar más detalladamente casos concretos de infanticidios cometidos en conventos o en otros contextos eclesiásticos. En esta labor acudiremos a casos mencionados por algunos autores en fuentes secundarias pero también echaremos mano de fuentes de archivo y de la época. Es realmente complicado encontrar casos de infanticidio en conventos en los procesos inquisitoriales de los archivos ya que, como indica Pérez Escohotado en su libro, «esta materia está enmascarada bajo el delito de proposiciones, brujería y hechicería o solicitación».[49] En las Alegaciones fiscales de los correspondientes procesos de fe del Archivo Histórico Nacional de Madrid, en las que hemos encontrado casos de infanticidios cometidos por religiosos y religiosas, jamás aparece el término infanticidio en el título del documento, sino más bien los conceptos indicados acertadamente

---

49   Javier Pérez Escohotado. Op. cit., pág. 95.

por Pérez Escohotado. Vamos a comenzar entonces por el caso de infanticidio que relata este autor en su libro *Sexo e Inquisición en España*.

1. Un infanticidio cometido por presbíteros

En 1749 se inicia un proceso contra mosén Baltasar Larroy, beneficiado (presbítero) en la iglesia de Belchite en Zaragoza. Este había seducido a varias beatas de la Casa de San Rafael del mismo Belchite que acabaron por denunciarle a la Inquisición. Mosén Baltasar vivía con otro beneficiado llamado Blas Esteban, que en su declaración confirma cómo Gertrudis Marín, una de las beatas, acudía casi a diario a la casa de éstos y era disciplinada por mosén Baltasar.[50] También denuncia que era público en el pueblo que este mosén Baltasar y el agustino P. Pérez eran los responsables de que Gertrudis estuviera embarazada. Por las declaraciones de varios testigos se llegó a saber que Baltasar y P. Pérez buscaron a un joven para casarlo rápidamente con Gertrudis a cambio de 40 escudos, pero éste se dio cuenta de que la mujer estaba embarazada antes de casarse con él e hizo correr la voz por el pueblo. El padre Pérez huyó del convento y mosén Baltasar fue detenido. Por las declaraciones del boticario de Belchite, Miguel Bober, su mujer y la partera del pueblo, sabemos que Gertrudis dio a luz una «criatura muy robusta y sana». La comadrona había vuelto al día siguiente, reconoció al recién nacido y advirtió «que a su parecer le habían sofocado y que luego murió».[51]

---

50   Las disciplinas consistían en castigos físicos, impartidos frecuentemente con flagelos o látigos. Se sabe mediante algunas fuentes que la Inquisición llegó a perseguir esta práctica al descubrir que era empleada inadecuadamente, unida a juegos eróticos en los que tanto castigador como castigado llegaban a obtener gran placer y excitación sexual. De hecho, podemos observar cómo en el proceso de fe contra este confesor se especifica el delito de flagelación (véase nota siguiente).

51   Ibid., pág. 96. Véase el expediente ES.28079.AHN/1.1.11.4.1.8//IN-QUISICIÓN, 3732, Exp.352 - *Alegaciones fiscales de los procesos de fe de mosén*

2. El confesor Francisco Carrascosa y sus pócimas abortivas

En su libro *Sexuality in the Confessional* el profesor Stephen Haliczer también menciona un caso de infanticidio cometido en la localidad de Zújar (Granada), alrededor de 1750, por una feligresa de 19 años llamada Antonia González, como consecuencia de la manipulación y la mala praxis de su confesor Francisco Carrascosa.[52] Un día durante la confesión, la joven Antonia dijo a Carrascosa que estaba embarazada de su prometido y que probablemente saldría de cuentas poco después de la fecha de la boda. Temiendo que aquel contratiempo pudiese suponer la pérdida de su honor y que su familia la repudiase, pidió a su confesor que le ayudase a abortar. Éste le prometió que le proporcionaría una pócima especial que debería tomar, pero que únicamente tendría efecto después de que ésta le entregase un trozo de vello púbico y le permitiese mantener relaciones sexuales con él. La desesperada mujer aceptó, pero en el último momento decidió no tomar la pócima entregada por el confesor, dando a luz posteriormente a una criatura a la que asesinó ahogándola.

Baltasar Larroy, presbítero de Belchite (Zaragoza), seguido en el Tribunal de la Inquisición de Zaragoza, por solicitación y flagelación (herejía). Disponible online en el Portal de Archivos Españoles http://pares.mcu.es/

52   Stephen Haliczer. Op. cit., pág. 131. Véase también el correspondiente expediente ES.28079.AHN/1.1.11.6.12.1//INQUISICIÓN, 1827, Exp.10 - *Proceso de fe de fray Francisco Carrascosa, dominico, natural de Guadix y vecino de Baza, por solicitante.* Disponible online en el Portal de Archivos Españoles http://pares.mcu.es/

3. Miles de huesos de niños hallados en un estanque cercano a un convento en Roma

Con respecto a los miles de restos óseos de niños, encontrados en el estanque de un convento romano, son varios los autores que han mencionado el tema. Vamos a intentar reconstruir estos acontecimientos a partir de todos los testimonios encontrados en las fuentes.

En su libro *Los papas y el sexo,* Eric Frattini menciona que este terrible suceso aparece en un escrito del papa Nicolás I (papa número 105 de la Iglesia católica de 858 a 867) y que aconteció en época del pontificado de Gregorio I (590-604). Nicolás I destaca que, cuando Gregorio I era pontífice, éste ordenó drenar un lago cercano a un convento y que en el fondo reseco aparecieron los cráneos de cerca de un millar de niños que habían sido ahogados o asesinados de diversas maneras.[53]

En su libro *Historia Sexual del Cristianismo* Karlheinz Deschner comenta muy por encima este caso. El autor se basa en el también mencionado libro de Max Bauer, *Das Geschlechtsleben in der deutschen Vergangenheit,* que proporciona algún dato más al respecto, como que este terrible hallazgo también aparece recogido en testimonios escritos del obispo Ulrich de Augsburgo.[54] Deschner menciona que las relaciones sexuales, los embarazos no deseados y la práctica del infanticidio eran algo habitual en los conventos y que este es el motivo por el que en la época de la Reforma se encontraron tantos restos óseos de niños en conventos.[55] Como se ha comentado anteriormente, estas fuentes mencionan el hallazgo de restos óseos de niños resultado de los infanticidios cometidos en los conventos alemanes de Santa Brígida en Stralsund y en el de Mariakron.

---

53   Eric Frattini. Op. cit., pág. 70.

54   Max Bauer. Op. cit., pág. 79.

55   Karlheinz Deschner. Op. cit., pág. 144 y 148.

4. Monjas violadas e infanticidios en un convento cercano a Varsovia

En Polonia encontramos también otro caso de infanticidio en un convento cercano a Varsovia, si bien un tanto diferente, ya que las monjas quedaron embarazadas al ser violadas por soldados soviéticos durante la Segunda Guerra Mundial. En 2016 se realizó una película basada en este hecho real dirigida por Anne Fontaine con el título *Les Innocents* (*Los inocentes*). Tuve conocimiento sobre este caso mediante un artículo publicado por Mauricio Rubio en *El Espectador* el 2 de marzo de 2016 titulado «La maternidad de las monjas».[56] En este artículo se menciona la película que tuve oportunidad de ver posteriormente.

La trama de la película es la violación de unas monjas benedictinas por parte de soldados soviéticos en un convento cercano a Varsovia, resultando de ello siete embarazos.

La protagonista de la película es una joven comunista de la resistencia francesa llamada Madeleine Pauliac, que trabajó en la zona como médica voluntaria de la Cruz Roja y atendió en secreto los partos para evitar el escándalo. Una monja hace caso omiso al silencio impuesto en el convento y se puso en contacto con ella, ya que la vida de las hermanas encinta corría peligro. Su primera intervención fue una cesárea de urgencia. Al recién nacido se lo llevó la madre superiora para darlo supuestamente en adopción. Después se supo que la madre superiora abandonaba a los niños en el bosque, donde éstos fallecían. Los infanticidios se descubren después de la muerte de la primera monja que da a luz por cesárea. La madre superiora le había dicho que su hijo había sido entregado a una tía de ésta, pero cuando una de las monjas acude a ver a esta mujer, para comunicarle el fallecimiento de su sobrina, descubre que el bebé jamás le fue entrega-

---

56   Véase Mauricio Rubio: «La maternidad de las monjas». *El Espectador*, 2 de marzo de 2016 http://www.elespectador.com/opinion/opinion/la-maternidad-de-las-monjas-columna-619860

do. Posteriormente la película muestra cómo la madre superiora abandona al segundo recién nacido en medio del bosque durante el frío invierno.

5. Infanticidios cometidos en conventos españoles registrados en el Archivo Histórico Nacional

A continuación vamos a comentar algunos casos de infanticidio cometidos por monjas en diferentes conventos españoles. Como ya hemos mencionado, en este cometido ha sido de gran ayuda la labor de investigación del extremeño Fermín Mayorga Huertas y del resto de autores que mencionan casos similares ya que, gracias a los datos que estos proporcionan, los procesos inquisitoriales de fe se pueden localizar fácilmente en los archivos. Si no fuese por estos testimonios, este trabajo de investigación no habría sido posible o habría sido mucho más arduo. Recordemos que, al contrario que sucede en los procesos contra seglares, en los procesos de fe contra religiosos no aparece nunca el término infanticidio en el título de la acusación, sino que este tipo de delito se engloba o enmascara como herejía, brujería, solicitación...[57]

---

57   En la base de datos del Archivo Histórico Nacional figuran numerosos casos de infanticidio en el ámbito civil que se encuentran fácilmente al figurar el término «infanticidio» en el título del documento; esto no ocurre en el caso de infanticidios ligados a contextos eclesiásticos.

5.1. Los infanticidios cometidos por la madre Águeda en un convento de Corella y otros asuntos relatados por el inquisidor Juan Antonio Llorente

Una de las fuentes más relevantes para este trabajo de investigación es la *Historia Crítica de la Inquisición de España* en 4 volúmenes, publicada en Francia de 1817 a 1818 por Juan Antonio Llorente. Antes de comentar esta obra es interesante saber quién fue este personaje que se mostró crítico en sus escritos contra el Santo Oficio.

Juan Antonio Llorente, nacido en Rincón de Soto (La Rioja) el 30 de marzo de 1756 y fallecido en Madrid el 7 de febrero de 1823, fue un eclesiástico, jurista, político, escritor, inquisidor y uno de los principales historiadores antiguos de la Inquisición. En 1785 fue nombrado comisario del tribunal del Santo Oficio de la Inquisición de Logroño y en 1789 el inquisidor general Agustín Rubín de Ceballos le nombra secretario de la Inquisición de la Corte en Madrid. Durante la invasión francesa fue nombrado consejero de Estado el 25 de julio de 1808 por el rey José Bonaparte, hermano de Napoleón. En 1809, al ser suprimida la Inquisición, el rey José puso a su cargo los archivos inquisitoriales del Consejo de la Suprema y del tribunal provincial de la Corte. Gracias a su experiencia como oficial de la Inquisición y a su acceso privilegiado a los archivos, la obra de Llorente es sin lugar a dudas una fuente de gran valor histórico. Su obra *Historia Crítica de la Inquisición de España* fue publicada en París, ya que Llorente se vio obligado a huir a Francia por colaboracionista en julio de 1813 después de la restauración de Fernando VII por el Tratado de Valençay.[58] A pesar de no conseguir el

---

58   En su autobiografía Llorente incluye varias cartas que escribió al rey Fernando VII para que le permitiese regresar a España. En marzo de 1814 Fernando VII regresó a España, quedando proscritos, y confiscados sus bienes, todos los huidos a Francia después de la derrota de las tropas de José Bonaparte. En dichas cartas Llorente dice que huyó a Francia para evitar la anarquía y ser asesinado por el pueblo enfurecido, además añade que fue obligado a jurar al

indulto de Fernando VII, Llorente consiguió volver finalmente a Madrid tras el pronunciamiento de Rafael del Riego en 1820, ciudad en la que murió pocos años después.

En el prólogo de su *Historia Crítica de la Inquisición de España*, Llorente reconoce que es la única persona capacitada para escribir un libro de estas características por su exhaustivo conocimiento de los archivos:

> «Para escribir una historia exacta era necesario ser inquisidor o secretario. Solo así se pueden saber las bulas de los papas, ordenanzas de los reyes, decisiones del Consejo de Inquisición, procesos originales, y demás papeles de sus archivos. Tal vez soy el único que por hoy tiene todos estos conocimientos.

> Yo fui secretario de la Inquisición en la Corte de Madrid, en los años de 1789, 1790 y 1791. Conocí el establecimiento bastante a fondo para reputarlo vicioso en su origen, constitución y leyes, a pesar de las apologías escritas a su favor. Desde entonces me dediqué a recoger papeles, sacar apuntamientos, hacer notas, y copiar literalmente lo importante. Mi constancia en este trabajo y la de adquirir cuantos libros y papeles no impresos pude haber a la mano a costa de crecidos dispendios, en las testamentarías de inquisidores y de otros difuntos, me proporcionaron una colección copiosa de papeles interesantes. Últimamente logré infinitos más en los años 1809, 1810 y 1811, con la ocasión de haber estado suprimido aquel tribunal.

> Con ellos pude publicar en Madrid, en los años 1812 y 1813, dos tomos de *Anales de la Inquisición*, y escribir la *Memoria sobre la opinión de España acerca de la Inquisición*, que la real academia de la historia (de la que soy individuo, y para quien la escribí) dio a luz entre sus *Memorias*. Con ellos puedo también llenar el vacío que hay en este ramo de literatura y satisfacer la curiosidad pública».

Posteriormente añade Llorente:

> «Por esta razón espero que no se interprete como arrogancia mía el decir que solo yo puedo satisfacer la curiosidad de los que desean saber la verdadera historia de la Inquisición de España: pues solo

---

rey francés. Véase Juan Antonio Llorente *Noticia biográfica o memorias para la historia de su vida. Escritas por él mismo.*

yo tengo los materiales para ello, cuya abundancia suplirá en gran parte lo que me falte de talento.»[59]

En su autobiografía *Noticia biográfica o memorias para la historia de su vida. Escritas por él mismo,* Llorente vuelve a incidir en su acceso privilegiado a las fuentes, diciendo que fue el propio rey José Bonaparte quien le puso a cargo de los archivos del Consejo de la Suprema y del tribunal provincial de la Corte en 1809 cuando fue abolida la Inquisición. Llorente relata cómo hizo acopio de documentación y cómo mandó copiar muchos de los textos. Posteriormente la biblioteca de Llorente, de más de 8.000 volúmenes, sería confiscada después de huir a Francia. Un dato de máxima relevancia para este trabajo de investigación que Llorente menciona en su autobiografía es que, cuando se suprimieron las comunidades de frailes en 1809, éste fue nombrado «Colector general de los efectos de conventos», con lo que también tuvo acceso de primera mano a documentación relativa a la vida y actividades de los conventos.[60]

Después de saber algo más sobre la figura de Llorente y de acreditar su competencia sobre el tema, por su condición de Inquisidor y por su acceso privilegiado a las fuentes, vamos a comentar su *Historia Crítica de la Inquisición de España*, especialmente las partes que tratan sobre la vida en los conventos, donde encontraremos casos de infanticidios cometidos por monjas.

Llorente da en su libro un repaso a la historia de este sanguinario tribunal católico desde su origen, en la persecución de la herejía albigense (también conocida como cruzada cátara o contra los cátaros) en el sur de Francia entre finales del s. XII y principios del s. XIII, organizada por el papa Inocencio III,

---

59   Juan Antonio Llorente: *Historia crítica de la Inquisición de España: Obra original conforme a lo que resulta de los archivos del Real Consejo de la Suprema, y de los Tribunales del Santo-Oficio de las Provincias.* Volúmenes 1-2. En la imprenta del censor. Madrid, 1822, págs. 5-7

60   Juan Antonio Llorente: *Noticia biográfica o memorias para la historia de su vida. Escritas por él mismo.* En la imprenta de A. Bobék, calle de la Tableterie n°9? París, 1818, pág. 132

hasta su constitución oficial en forma de Inquisición episcopal, su extensión por España y su funcionamiento bajo el gobierno de los diferentes reyes e inquisidores generales.

Llorente explica con todo detalle el tipo de penitencias, castigos y torturas que el tribunal realizaba, en ocasiones injustamente para poder así confiscar los bienes del supuesto pecador, e incluso proporciona un registro del número de víctimas de la Inquisición en cada gobierno de los diferentes reyes de España desde 1481 a 1820.

Sin más dilación vamos a pasar a comentar los registros sobre la vida sexual en los conventos. En la versión con el título *Compendio de la Historia Crítica de la Inquisición de España*, un muy buen resumen de la obra de Llorente realizado por Rodríguez Burón, encontramos casos registrados de solicitación sexual a religiosas por parte de sus confesores y también un caso estremecedor de múltiples infanticidios en el convento de Corella en Navarra.

El compendio de Rodríguez Burón destaca el caso de solicitación de un capuchino en una comunidad de beatas de Cartagena que afectó nada más y nada menos que a 17 mujeres. Este clérigo manipulaba a las beatas durante las confesiones para que tuviesen relaciones sexuales con él, argumentando que Dios las había eximido del voto de castidad en una visión que él mismo había tenido. Según Llorente, una de las mujeres habría accedido y también lo habría intentado con otras 12 de las 17, es decir 13 en total. Según Llorente las cuatro restantes parece ser que eran ancianas y feas y que este capuchino no habría intentado nada con ellas. Durante el juicio, un inquisidor preguntó al acusado que por qué Dios no había eximido también a las ancianas y feas del voto de castidad, a lo que el clérigo respondió: «El espíritu Santo sopla en donde quiere». Llorente dice que el capuchino fue condenado a cinco años de reclusión en un convento de su orden y añade que en los archivos había muchos más casos de solicitación como este que él no cita.[61]

Llorente también menciona el auto fe de la beata María de la Concepción, que se entregó a la lujuria con sus confesores y otros eclesiásticos, siendo condenada a prisión perpetua y a azotes.[62] También encontramos el caso de posesión de 25 de las 30 monjas de un convento, cuyo confesor fue investigado.[63] Este tipo de supuestas posesiones eran algo habitual en las monjas que sufrían manipulación y abusos sexuales de sus confesores, ya que muchas de ellas acababan desarrollando conductas de tipo patológico debido a la clausura, por celos de otras monjas, deseo sexual reprimido, etc. Recordemos aquí el caso que Adolf Huxley relata en su libro *Los demonios de Loudun* (1952). Este caso sucedió en 1634 en la pequeña ciudad francesa de Loudun y afectó a las monjas ursulinas del convento de la localidad, supuestamente hechizadas por el padre Urbain Grandier, quien acabó pagando con su vida en la hoguera. Llorente comenta otro auto de fe, ocurrido en 1636 en Valladolid, protagonizado por una beta juzgada por libertinaje y por desvergonzada.[64]

Más adelante Llorente se centra en el caso de los infanticidios en los conventos, aunque parece relativizar la responsabilidad de la Iglesia católica argumentando que este fenómeno se debía a la extensión de la secta de Molinos. Esto es lo que el autor dice al respecto (versión del compendio de Rodríguez Burón):

> «Bajo el ministerio del inquisidor general Camargo fue cuando la secta de Molinos hizo grandes progresos en España, y cuando suministró al Santo Oficio la ocasión de desplegar toda su actividad. Molinos antes de ir a fijarse a Roma, había formado en España un cierto número de discípulos que derramaron en ella su doctrina.

61   Rodríguez Burón: *Compendio de la Historia Crítica de la Inquisición de España*, Volúmenes 1-2. París. En Casa de Tournachon-Molin, 1823. Tomo II, págs. 31-37.

62   Ibid., págs. 82-83.

63   Ibid., pág. 89.

64   Ibid., págs. 92-93.

Las apariencias de una profesión espiritual, asociadas a un sistema que dejaba un libre desahogo a los desórdenes del alma, sedujeron a muchas personas, que no hubieran jamás abrazado ninguna herejía sin el prestigio con que Molinos cubría sus errores. El obispo de Oviedo fue depuesto y encarcelado por la Inquisición como molinista. Juan Causada, uno de los discípulos más íntimos de Molinos, pereció en las llamas y los inquisidores de Logroño condenaron a doscientos azotes y a prisión perpetua al carmelita Juan de Longas, el más celoso campeón de esta doctrina, que habiéndose extendido como un rayo por los conventos, dio mucho que hacer a los inquisidores, y con especialidad a los de Valladolid y Logroño; porque pasaban cosas tan escandalosas y horribles en las comunidades de religiosas, entre ellas y sus confesores, que no pueden referirse sin horrorizarse. El libertinaje más desenfrenado, los abortos forzados y los infanticidios eran tan frecuentes, que cada convento suministraba un gran número de ejemplos; pero lo que pasma, es que estos horrores se cometían con una suerte de buena fe aparente, que solo el fanatismo puede justificar. Este fanatismo por las sectas hacía creer a los espíritus débiles que podía hacerse impunemente cuanto autorizaban los confesores; y así se vio en el convento de Corella, en Navarra, a una superiora que había ya tenido varios hijos de un provincial de carmelitas descalzos, tener ella misma a su sobrina, mientras que el provincial hacía el primer ultraje al pudor de esta joven muchacha, a fin de que esta obra fuese más meritoria a Dios. Así es como se veía a las religiosas y frailes asistir sin vergüenza a los partos de las otras religiosas, cuyos niños eran inmediatamente degollados; y todo esto de hacía con ayunos y otras mil señales exteriores de religión.

Es cierto que la Inquisición trató con rigor a las religiosas que vivían en estas guaridas del crimen; pero a excepción de alguno que otro castigo, se reducían generalmente las penas a dispersarlas en varios conventos de la orden; pero lo que admira es que después de tantos desórdenes, de que están atestados los archivos, no haya tomado la Inquisición el partido de quitar a los frailes la dirección de los conventos».[65]

---

65   Rodríguez Burón. Op. cit., pág. 117-119.

Según este testimonio, el infanticidio era una práctica frecuente en los conventos de monjas de la época, entendemos que para evitar la deshonra y el escándalo por la ruptura del celibato. Afirmaciones como «cada convento suministraba un gran número de ejemplos» o «tantos desórdenes, de que están atestados los archivos» no dejan espacio para la duda. Desgraciadamente Llorente no recoge más casos de infanticidio en conventos en su obra.

En la versión completa redactada por el propio Llorente encontramos más detalles sobre los casos de infanticidio en el convento de Corella. Parece ser que la monja que había tenido varios hijos de un provincial de carmelitas descalzos se llamaba Doña Águeda de Luna y el padre de sus hijos, es decir el mencionado carmelita, sería Fray Juan de la Vega. Por otro lado, parece ser que la sobrina carnal de Doña Águeda, aquella que habría «desflorado violentamente» el provincial de carmelitas descalzos con ayuda de su propia tía Águeda, se llamaba Doña Vicenta de Loya y Luna, y habría ingresado de niña en el convento con tan solo nueve años de edad. Según el relato de Llorente es Doña Vicenta la que reveló a la Inquisición el lugar exacto donde se sepultaba a los niños víctimas de infanticidio. Efectivamente, las excavaciones ordenadas por el Santo Oficio en la zona indicada por Vicenta tuvieron como resultado el hallazgo de múltiples huesos de niños. En este extracto Llorente retrata además a una Águeda fingidora de santidad, falsa curandera y estafadora. Llorente dice que ésta llegó a pactar con el diablo y que sus propios padres (los de Llorente) fueron estafados por ella al llevarle un hijo suyo que estaba enfermo y que falleció poco después. Veamos a continuación cómo relata Llorente este terrible caso:

«Doña Águeda de Luna, natural de Corella, Reino de Navarra, entró monja carmelita descalza en el convento de Lerma, por los años de 1712, con fama de virtud extraordinaria y aún de santidad, desde su primera juventud; y en 1713 ya seguía y practicaba la herejía de Molinos como maestra consumada. Vivió allí más de veinte años, aumentando por días su renombre de *santa*, con éxtasis, y aún con el don de hacer milagros, según publicaban el hermano Juan de

Longas, el prior de Lerma, el provincial, y otros frailes del primer rango, porque todos eran cómplices y tenían interés en publicar la santidad de la madre Águeda. Se trató de fundar en su patria un convento, y los prelados consiguientes nombraron a la madre Águeda para fundadora y prelada. Allí continuó su mala vida, y creció su buena fama tanto, que todos los de la comarca imploraban su protección ante Dios en sus necesidades. La circunstancia de distar la villa de Rincón del Soto, mi patria, solas dos leguas y media de la ciudad de Corella, fue origen de que mis padres lo hiciesen también en favor de un hijo niño varón enfermo, cuya salud prometió con aplicación de una de sus piedras y otro remedio, más la profecía y la promesa resultaron falsificadas por la muerte del niño.

Entre los prodigios fingidos de la madre Águeda, entraba como principal efecto de una maravilla, y como raíz o causa de otras, la expulsión que suponía ciertas piedras que una de las cómplices supo componer de ladrillo molido y polvos aromáticos, con una cruz señalada por un lado y una estrella por otro, y color de sangre. Se persuadía que Dios, en premio de la virtud heroica de la madre Águeda, le concedió la gracia de expeler aquellas piedras prodigiosas para la curación de toda enfermedad, por la vía de la orina, a costa de intensos dolores, como si fuese parto de una criatura humana. Ella tuvo los verdaderos muchas veces en Lerma y Corella, unas veces como abortos procurados con bebidas, y otras en estado de vida, para cuyos sucesos le auxiliaban los frailes cómplices y las monjas pervertidas.

Como un abismo suele inducir a otro, la madre Águeda, deseosa de hacer milagros, que aumentasen la fama de su santidad, invocó al demonio y (según resultó del proceso) pactó con él, dándole cédula de donación de su alma, y adorándole por señor suyo y verdadero Dios poderoso, apostatando enteramente de Jesucristo, su religión y demás consiguiente.

Por fin, después de innumerables iniquidades cubiertas con fingidos ayunos y otros signos exteriores de santidad, fue denunciada al Santo-Oficio de Logroño; en cuyas cárceles secretas murió de resultas del tormento, antes de llegar su proceso al estado de sentencia. En la tortura confesó la ficción de santidad, y, al tiempo de morir, pareció arrepentida, por lo que se le absolvió sacramentalmente.

Fray Juan de la Vega, natural de Liérganes en las montañas de Santander, provincial de los carmelitas descalzos (cuyo autillo se celebró a 30 de octubre de 1743), era director espiritual y cómplice de la madre Águeda desde el año 1715, cuando él tenía treinta y cinco de edad. Según su proceso fue padre de cinco criaturas que parió la madre Águeda; dogmatizante y corruptor de otras monjas, enseñando ser ésta la verdadera virtud; y, escribiendo la vida de su principal discípula como modelo de santidad, en la cual contaba multitud de milagros y cuanto era consiguiente a su objeto. Él consiguió también tan grande fama de santo, que le renombraban *el extático*, y solían los frailes cómplices propagar la voz de que, después de san Juan de la Cruz, no había habido religioso más penitente. Hizo retratar a la madre Águeda, y colocar su cuadro en el coro, con una redondilla cuyas palabras de sentido equívoco eran éstas:

Planta, Jesús, con tu mano

La flor en mi corazón

Y dará fruto en sazón

Pues está el campo lozano.

Según las declaraciones de cómplices, de monjas inocentes, y de otras personas, tuvo también pacto con el demonio; pero él estuvo negativo aún en el tormento que venció, a pesar de su ancianidad, confesando solamente haber recibido limosna de once mil y ochocientas misas como provincial, y no estar celebradas. Fue declarado sospechoso con sospecha vehemente, y destinado al convento desierto de Duruelo, donde murió al poco tiempo.

También estuvieron negativos el provincial y secretario de aquella época, y dos que habían sido secretarios en trienios anteriores, y de su orden, que sufrieron prisión, tormentos, iguales declaraciones y reclusión en los conventos desiertos de Mallorca, Bilbao, Valladolid y Osma; pero confesó el cronista, por lo que se le hizo gracia de salir al auto sin *sambenito*.

Doña Vicenta de Loya y Luna, sobrina carnal de la madre Águeda, entró niña de nueve años en el convento de Corella, cuando su tía vino de Lerma por fundadora; la cual le enseñó su mala doctrina, con el auxilio del provincial fray Juan de la Vega, con tanta eficacia que, según confesión suya, la tenía sujeta con sus propias manos, cuando éste la desfloró violentamente, diciendo que así tendría ese mérito más ante Dios. Ésta confesó plenamente sin tormento, luego que fue presa, todas sus culpas y las ajenas, afirmando que jamás admitió en su corazón error alguno herético con conocimiento de ser doctrina condenada por la Iglesia, no obstante que tenía por lícitas las cosas que practicaba, porque se lo enseñaban sus confesores y su tía, personas reputadas por virtuosas, y aún su tía por santa. Por esta sencillez se libró también de tener en el autillo el *sambenito,* que sufrieron otras cuatro monjas, cuyos crímenes de la misma especie negaron en el tormento, menos una que confesó haber aprendido en su niñez la doctrina, por enseñanza del hermano Juan de Longas.

No me detengo a referir muchas especies particulares de estos procesos que constan de mis notas, porque los únicos garantes de su verdad son las declaraciones de las monjas inocentes del mismo convento, que, por la misma razón de formar partido distinto, daban crédito fácilmente a cosas inverosímiles y aún increíbles.

Pero no están sujetas a dudas las ficciones de las piedras, porque se recogieron muchísimas por la Inquisición; y tampoco los partos, pues constando, por declaración de Vicenta de Loya, el sitio en que se sepultaban los niños matados de intento, se cavó por orden del Santo-Oficio, y se hallaron muchos huesos que confirmaban el suceso.

Las monjas criminales fueron destinadas a diferentes conventos, y, por orden del Santo-Oficio, se renovó la comunidad, llevando prelada del convento de Ocaña y otras religiosas de distintas comunidades de su instituto. Es sensible que, para cortar por la raíz el peligro de repetirse las escenas, no mandara el inquisidor general que aquel convento de Corella fuera sujeto al obispo diocesano, como se hizo sin tanto motivo con el de las carmelitas de San Joaquín de la ciudad de Tarazona, cuando, solo por el deseo de la paz, se separaron algunas del convento de Santa Ana. Ya que la Inquisición se mezcla en asuntos de monjas, admira que después de tantos casos como constan en sus libros, y paso yo en silencio por decoro, no haya providenciado que ningún convento de monjas esté sujeto a frailes. Los jesuitas, como diestros políticos, huyeron siempre de tenerlos a su cargo.»[66]

Lamentablemente, a pesar de que Llorente tuvo acceso a más casos de infanticidio y solicitación en conventos, como él mismo relata en su *Historia Crítica de la Inquisición,* decide «pasar en silencio por decoro» sobre ellos, con lo que debemos acudir a los procesos de fe del Archivo Histórico Nacional de Madrid para obtener más casos. Teniendo en cuenta que el expediente de doña Águeda que se encuentra en el Archivo Histórico Nacional cuenta con 356 páginas, es posible que su caso fuese uno de los más espectaculares, ya que el resto de procesos no son tan extensos.[67]

5.2. Los infanticidios cometidos por Sor María del Cristo en el convento de S. Juan de la Penitencia de monjas Clarisas de la villa de Belvís de Monroy

Otro de los casos de infanticidio conventual es el de Sor María del Cristo, de 23 años de edad, religiosa profesa en un convento de monjas Clarisas de la villa de Belvís de Monroy, condenada por falsa creencia y abuso de sacramentos. La transcripción del proceso judicial ha sido recogida por Fermín Mayorga Huertas en su ya mencionado libro *Extremadura: Tierra de Brujas.*[68]

Esta monja fue delatada el 3 de enero de 1807 por Rafaela de la Santísima Trinidad, monja profesa del mismo convento, que acusó a la reo, entre otras cosas, de haber pactado con el diablo

---

66   Juan Antonio Llorente: *Historia crítica de la Inquisición de España: Obra original conforme a lo que resulta de los Archivos del Consejo de la Suprema, y de los tribunales de provincias.* Tomo VIII. En la imprenta del censor. Madrid, 1822, págs. 193-200

67   Véase ES.28079.AHN/1.1.11.4.15.5//INQUISICIÓN, 1680, Exp.7 - *Proceso de fe de sor Águeda Josefa de la Encarnación, vicaria del convento de Carmelitas Descalzas en Corella, por ilusionismo.* Disponible online en el Portal de Archivos Españoles http://pares.mcu.es/

68   Véase Fermín Mayorga Huertas: *Extremadura. Tierra de brujas.* Geva Grupo de estudios Vegas Altas, 2013, págs. 22-30.

firmando un papel con su propia sangre, de haberle adorado y pecado carnalmente con él y de haber arrojado la sagrada hostia al fuego. En febrero de 1807 la acusada presta declaración, admite los hechos e informa al Santo Oficio de quiénes eran sus cómplices. La monja señala a su confesor Fr. Bernardo Molina, con el que habría mantenido relaciones sexuales y del que habría «quedado embarazada hasta llegar a darle brebajes y sangrías para ocultar las resultas». La reo había contado todo a Sor Rafaela de la Santísima Trinidad (su delatora), a la Madre Abadesa, al Padre Vicario y también lo sabría el Padre Fr. Juan Ramón González, ya que el Padre Vicario habría consultado con él sin el consentimiento de la acusada.

En la declaración de la Madre Abadesa, de 51 años de edad, ésta admite conocer que la acusada había quedado embarazada dos veces y que, en uno de los embarazados, abortó un «feto animado» (es decir, en avanzado estado de gestación) gracias a un brebaje suministrado por el Padre Molina, bautizando y enterrando ella misma el feto en una huerta o monte.

El cura de Belvís también declara en el proceso y acusa a la reo de haberla visto embarazada y de «abortar un feto de ocho meses en abril de 1807, al cual bautizó y arrojó en el pozo del monte, rebujado en un paño blanco.»

Finalmente, el inquisidor D. Pedro María de la Cantilla dictó que se diese a la acusada, de nombre real María Martín, natural de Serradilla, Obispado de Plasencia, de estado religiosa en la villa de Belvís de Monroy, una audiencia en la que se retractase de su comportamiento y autorizó a que regresase a su convento después de ser reprendida.[69]

---

69   Véase ES.28079.AHN/1.1.11.6.1.6//INQUISICIÓN, 3734, Exp.49 - *Alegación fiscal del proceso de fe de Sor María de Cristo, originaria de Belvís de Monroy, seguido en el Tribunal de la Inquisición de Llerena, por falsa creencia, abuso de sacramentos.* Disponible online en el Portal de Archivos Españoles http://pares.mcu.es/ (El documento escaneado tiene un total de 22 páginas. En la página 12 se hace mención a los brebajes proporcionados por Fr. Bernardo

5.3. Supuestos casos de infanticidio confesados por las monjas del convento de Santa Clara de Antequera

Otro caso interesante sobre supuestos infanticidios lo encontramos en el convento de Santa Clara de Antequera. Decimos supuestos porque, aunque es cierto que muchas de las monjas del convento confesaron haber quedado embarazadas y haber matado a sus hijos recién nacidos, según las investigaciones de la profesora Valérie Molero, docente en la Universidad de Grenoble Alpes, estas confesiones estarían motivadas por un estado de confusión y delirio colectivo de las monjas que analizaremos a continuación.

La profesora Molero ha investigado exhaustivamente el caso, cuyo expediente se encuentra también en el Archivo Histórico Nacional de Madrid en el documento «Cartas del Tribunal de Granada al Consejo del año 1771» (signatura A.H.N. INQUISICION, legajo 2692, expediente 129) y que incluye correspondencia sobre el caso entre el Tribunal de Granada y el Consejo de la Suprema y General Inquisición firmada por el inquisidor Don Juan Jacinto de Varaez. Como resultado de esta investigación contamos con el trabajo de la profesora Molero *Un presunto caso de complicidad diabólica en el siglo XVIII: Alonso de Osuna y las religiosas del convento de Santa Clara de Antequera,* que incluye las transcripciones del proceso inquisitorial.[70]

Parece ser que todo comienza con una historia de amor platónica entre la religiosa doña Rosa Montilla y su profesor de música Alonso de Osuna. Las clases tenían lugar en el locutorio a través de una reja y al parecer ambos se tomaron mucho cariño,

---

Molina que tomaba Sor María para procurarse abortos y en la página 13 al infanticidio del feto animado cometido por esta).

70   Molero, Valérie, 1995: «Un presunto caso de complicidad diabólica en el siglo XVIII: Alonso de Osuna y las religiosas del convento de Santa Clara de Antequera», *Revista de dialectología y tradiciones populares*, 50:1, pp. 221-241. Fermín Mayorga Huertas también ha tratado este caso en sus conferencias, pero en este trabajo seguiremos las investigaciones de la profesora Molero ya que son mucho más completas.

llegando a producirse tocamientos de manos e intercambios de cartas y palabras amorosas, con lo que aquel comportamiento, poco adecuado en una monja, llegó a transcender y la prelada y otros religiosos superiores prohibieron que Osuna volviese a entrar en el convento ni tener contacto con doña Rosa. Esta historia podría haber terminado aquí si no fuese por la nefasta intervención de su confesor fray Agustín Ponce, que tuvo resultados desastrosos.

Doña Rosa cometió el error de contar cómo se sentía a su confesor, un hombre que tanto la presionó para que relatase con todo detalle su relación con Osuna que, debido a su frustración por no poder materializar sus sentimientos, ésta llegó a fabular y a confesar todo tipo de ocurrencias que aparentemente no se correspondían con la realidad. En el proceso consta que su confesor creyó a pies juntillas todo lo que doña Rosa confesaba, aunque en buena parte las confesiones fuesen resultado de sus presiones.

Se sabe que Alonso de Osuna llegó a ser procesado y encarcelado con secuestro de bienes el 18 de marzo de 1766 por estos hechos, siendo delatado por algunas monjas y acusado formalmente de idolatría, apostasía y sortilegio con pacto explícito por la Inquisición. Las presiones del confesor llegaron a involucrar a muchas personas del convento en calidad de cómplices o testigos, provocando un estado de histeria colectiva y llegando a producirse confesiones y delaciones voluntarias que implicaban partos, infanticidios y comercio con el demonio.

La primera denuncia llegó de la mano de doña María de los Dolores Montero, religiosa de velo negro en el convento. El 21 de enero de 1764 realizó una declaración delatándose e implicando como solicitante a Osuna, con el que supuestamente habría llegado a practicar algunas obscenidades. Posteriormente se retractó y declaró que todas las acusaciones eran falsas, pero ya era demasiado tarde, la maquinaria inquisitorial se había puesto en marcha.

Posteriormente siguieron más delaciones de otras monjas instigadas por la insistencia de su confesor, implicando todas ellas a Osuna. La extrema presión a la que el confesor sometió a las monjas tuvo como consecuencia un enorme estado de delirio colectivo que hizo que muchas hermanas como Sor Josefa María Casasola y su hermana Sor María Josefa confesasen hechos como comercio carnal con Osuna y con el diablo y la realización de ritos satánicos e infanticidios.

Sin embargo, el testimonio más espeluznante es el de Sor María San Rafaela Losada, de 16 años de edad (13 en el momento de los acontecimientos), que describió hechos tan espectaculares como la utilización de la sangre de los infanticidios en rituales mágicos. Según su testimonio, las monjas que no tomaban bebidas para evitar embarazos y, por lo tanto, parían en el convento, degollaban al infante, le cortaban la cabeza y recogían la sangre que mezclaban con una untura mágica que les permitía romper la clausura sin ser descubiertas. Según su testimonio, algunos cadáveres eran enterrados dentro de la clausura y otros se los llevaba Osuna fuera del convento.[71] La ofuscación de esta monja la llevó a delatar el 30 de abril de 1766 hasta a ochenta y ocho personas, entre religiosos y religiosas, sacerdotes e incluso a la abadesa.

Como consecuencia de este testimonio se puso en marcha una investigación en 1770 encargada al visitador Pedro Romero, asistido por el Comisario del Santo Oficio de Antequera don Francisco Ruiz Zenzano, en la que, aunque no se habría hallado documentación sospechosa relativa a las acusaciones realizadas, sí que se habrían encontrado pequeñas vasijas que, según los investigadores, no podrían haber tenido otro uso que fines supersticiosos. Una de ellas parece que contenía una mezcla de semen humano, sangre menstrual y vello púbico, otra, sustancias consideras en la época estimulantes, como una composición de hormigas, cochinillas o milpiés en el interior de un líquido oleo-

---

71   Ibid., pág. 230.

so. Una tercera vasija encontrada parecía contener una composición que podría incluir sebo de infante, utilizado por su suavidad para curar heridas y suavizar el cutis.

A pesar de haberse retractado y argumentar que las acusaciones que realizaron fueron fruto de las presiones de su confesor, las delatoras principales no tuvieron un final feliz. Doña Rosa Montilla falleció en 1767 en una cárcel secreta y Sor María Josefa Casasola fue desterrada a otro convento siendo separada de su hermana.[72]

Después de una primera fase de credulidad, la conclusión final del proceso inquisitorial es desacreditar la versión de las monjas a pesar del inquietante hallazgo de las vasijas.[73] El estado de reclusión, frustración y represión de muchas monjas, algunas de ellas encerradas en conventos de clausura desde edades demasiado tempranas, en ocasiones contra su voluntad y sin haber alcanzado todavía su estado pleno de madurez sexual y mental y de no haber desarrollado su personalidad, tuvo como consecuencia conductas patológicas en muchas de ellas llegando al delirio y a la histeria, como parece que fue el caso en los procesos contra Osuna o Grandier. Es frecuente observar pactos con el diablo en los procesos inquisitoriales. Desde un punto de vista psicológico podría ser por una reacción contra la religión católica, que era la causante de la infelicidad de muchas monjas; es por ello que se pasan al otro extremo: el satanismo y el pacto con el diablo, muchas veces materializado en documentos firmados con la propia sangre de las religiosas. Recordemos de nuevo en este punto

---

72   Este caso recuerda al sucedido en 1634 en la pequeña ciudad francesa de Loudun, comentado anteriormente, que afectó a las monjas ursulinas del convento de la localidad, supuestamente hechizadas por el padre Urbain Grandier. El paralelismo entre Osuna y Grandier resulta más que evidente, ya que parece ser que ambos fueron acusados injustamente.

73   El hallazgo más inquietante y difícil de explicar de todos es el de sebo de infante. En la hemeroteca de la Biblioteca Nacional hemos encontrado un caso de venta de un niño en la localidad gallega de Soutochao destinado a muerte «para extraerle las mantecas» para una botica. (Véase «Estadística criminal de 1857» en *La Discusión*, Madrid, 28 de abril de 1857, núm. 360).

del libro que, hasta tiempos no muy lejanos, muchas monjas no ingresaban de forma voluntaria en los conventos, sino que lo hacían forzadas o presionadas por sus familias debido a diferentes motivos (dote más barata, dificultad de encontrar un marido, hija problemática o poco casadera, etc.)

Un caso que demuestra el delirio provocado por la infelicidad, la represión y la clausura es el de Sor Juana de San Bernardo Matos de Las Palmas de Gran Canaria. El documento, que en su parte final absuelve a la religiosa después de que ésta abjure, muestra cómo Sor Juana llegó a confesar haber hecho un pacto con el diablo escrito y firmado con su propia sangre y que éste le llegó a facilitar, además de acceso carnal con él mismo, también «acceso carnal con un mulo».[74]

6. Infanticidios cometidos por sacerdotes y monjas registrados en artículos de prensa de la Hemeroteca de la Biblioteca Nacional de España

En la Hemeroteca Digital de la Biblioteca Nacional de España encontramos miles de casos de infanticidio registrados entre finales del s. XVIII y principios del s. XX, entre los cuales hay numerosos cometidos por curas y monjas. Veamos a continuación algunos ejemplos, comenzando por los ocurridos en conventos o cometidos por monjas y posteriormente los cometidos o amparados por sacerdotes.

---

74   Véase ES.28079.AHN/1.1.11.6.1.1//INQUISICIÓN, 3735, Exp.37 - *Alegación fiscal del proceso de fe de Sor Juana de San Bernardo Matos, originaria de Las Palmas de Gran Canaria, seguido en el Tribunal de la Inquisición de Canarias, por herejía, apostasía, etc.* Disponible online en el Portal de Archivos Españoles http://pares.mcu.es/ Tuve conocimiento de este caso nuevamente mediante las conferencias de Fermín Mayorga Huertas.

6.1. Infanticidios relacionados con monjas o conventos

En el año 1899 el periódico *El País* publica un artículo con el título «Crimen de una monja y monjerías de un párroco» en el que se recogen dos supuestos casos de infanticidio cometidos por monjas. El articulista se refiere a un artículo anterior publicado semanas antes en *Gente Nueva* con el título «Crimen en un convento», donde se exponía el primero de los casos antes de conocerse la sentencia. El periódico *El País* se lamenta de la resolución del caso ya que, según la opinión del columnista, habría sido sobreseído injustamente por la Sala cuarta de la Audiencia de Madrid. A continuación figura otro infanticidio cometido por una monja llamada Juliana, que habría matado a su propio hijo, y cuyo caso también habría sido sobreseído por un supuesto soborno de 1.000 pesetas realizado por un párroco amigo suyo. El artículo deja entrever que este sacerdote mantenía una relación amorosa con la monja pero que curiosamente el hijo no sería suyo, al haberle sido ella infiel con un mozo de hospital, según la declaración de la propia Juliana. Finalmente el artículo se lamenta de la resolución del caso con frases como «La justicia al servicio de la sotana». En el periódico de corte anticlerical *El Motín* volvemos a encontrar estos dos supuestos casos de infanticidio cometidos por monjas.[75]

En el artículo «¿Tiene la culpa el celibato?», publicado también en el periódico *El Motín* y en el que se incluyen un buen número de tropelías clericales, se menciona brevemente el caso de una monja hermana de la Caridad de Berlín que habría sido recluida por infanticidio:

«No pasa un día sin que ya sea en una nación, ya en otra, no surja uno de esos escándalos clericales que hacen temblar a los buenos creyentes y asquean a los *impíos*. Ayer es un clérigo que penetra en la celda de Sor Matilde, en un convento de Ursuli-

---

75   Véase «Crimen de una monja y monjerías de un párroco» en *El País,* Madrid, 23 de agosto de 1899, núm. 4427 y «Sobre el infanticidio» en *El Motín*, Madrid, 2 de septiembre de 1899, núm. 30.

nas de Junsbruch (Tirol), y la infeliz por huir de aquel sátiro se arroja a la calle, y queda mortalmente herida; una hermana de la Caridad de Berlín es recluida por infanticidio; hoy, el cura de Monteflavio (Italia) degüella a su manceba, y después se pega un tiro; es detenido en Suiza el párroco Soru, de Austria, por rapto y corrupción de menores *masculinos*; y para digno remate viene el asesinato del canónigo Jardello, en Vasto (Italia)».[76]

Quizás el caso más surrealista de un supuesto infanticidio cometido en un convento lo encontramos nuevamente en el periódico *El Motín* con el título «¿La madre de la criatura?, ¿y el padre?, ¿En el convento o fuera?». El artículo dice que unas monjas de Valencia habrían sacado del convento un feto lanzándolo al solar contiguo. Las monjas se defienden diciendo que el feto había sido arrojado previamente desde la calle a su huerta y que lo sacaron de allí temerosas de que el perro lo destrozara. Parece ser que el juez habría ordenado el reconocimiento de las monjas y, según el testimonio de los vecinos, en un determinado día habrían entrado tres médicos forenses en el convento una primera vez a las nueve de la mañana y posteriormente otra a las doce y media. Parece ser que las monjas se negaron a ser reconocidas por los médicos, obstaculizando así una orden judicial, con lo que el periódico insinúa que algo tendrían que ocultar. Lamentablemente no hemos encontrado más información sobre el caso en otros artículos de prensa.[77]

En el año 1884, el periódico *El Liberal* recoge otro misterioso caso de infanticidio ocurrido en Roma en el que se llegó a sospechar de una monja. Margarita Dellose, distinguida dama de origen francés y natural de Melbourne (Australia), había llegado a la ciudad instalándose con su hermano Martín en un cuarto en la calle Capo, número 3. Parece ser que Margarita hacía una vida muy retirada y que apenas salía a la calle y que era visitada

76   «¿Tiene la culpa el celibato?» en *El Motín*, Madrid, 6 de abril de 1911, núm. 14.

77   «¿La madre de la criatura?, ¿y el padre?, ¿En el convento o fuera?» en *El Motín*, Madrid, 10 de agosto de 1911, núm. 32.

continuamente por prelados, frailes y monseñores. Poco después de la visita de los prelados fue visitada por una monja hermana de la Caridad que según se dice permaneció en la casa algunas semanas para atender a Margarita, enferma de tisis. Como su salud empeoró instalaron en casa un altar donde daba misa el padre guardián de San Isidoro, otro de los asiduos visitantes de Margarita.

Al poco tiempo se produjo un parto en la casa, siendo abandonado el niño en un cajón hasta que el avanzado estado de descomposición alertó a los vecinos que se quejaron. Los australianos decidieron marcharse de Roma, pero justo antes de hacerlo aparece en la casa la camarera del señor Buonafede, arrendador del cuarto, y les pregunta por ese bulto que tan mal olía. Consiguen esquivar a la camarera y llamaron a un mozo para que sacase el cadáver del cajón y lo hiciese desaparecer. El mozo lo ocultó en un montón de leña en el patio interior del palacio Fabri, donde fue descubierto por un camarero que informó a la policía. Al acudir el inspector a la casa de Margarita encontró allí a la monja que servía de enfermera y que, por medio de evasivas, reusaba colaborar con la justicia.

Debido a su grave estado de salud, Margarita no es detenida sino que queda presa en el cuarto junto a su supuesto hermano, que en realidad no lo era. Margarita quedó acusada del infanticidio aunque muchos sospechaban de la monja. Intentaron justificarse diciendo que el cadáver, que según los forenses habría muerto violentamente por una fractura en la sien derecha producida por un cuerpo contundente, ya estaba en el cajón cuando ellos llegaron a la casa y que dicho cajón nunca había sido abierto. Esta versión se contradice con la versión del farmacéutico, que habría suministrado grandes cantidades de ácido fénico a Margarita. El artículo no proporciona más datos al respecto, tampoco sobre la paternidad de la criatura; según la información que ofrece, podría ser de alguno de los clérigos que visitaban la casa o del falso hermano. En otro artículo de *El Motín,* publicado un mes después, conocemos que el nombre de la monja era

Sixta y, según este diario anticlerical, se sospecharía con fundado motivo de que la autora del infanticidio habría sido la monja Sixta.[78]

En 1907 el periódico *El País* publica también un resumen de fechorías clericales con el título «Ramillete de moral eclesiástica», entre las que encontramos de nuevo un infanticidio cometido por una hermana de la Caridad, esta vez en la localidad francesa de Saverne:

> «Los anales jurídicos de Francia hablan muy alto sobre las corrupciones clericales y monásticas. Lo mismo hablarían los nuestros, si la iglesia no gozara aquí de impunidad. Lo cierto es que en ninguna clase, es más alto el coeficiente de la criminalidad, que en la eclesiástica.
>
> Acaba de fugarse del convento italiano de Camilinos, el padre Carones, con una buena moza y 40.000 duros. Con otra y 60.000, se fugó el escolapio, padre Paulino, de esta corte; con 20.000 pesetas y un buen mozo, huyó la superiora del Asilo de las Mercedes.
>
> El cura de los Ángeles podría decir algo de lo ocurrido a cierta sotana, que estuvo ausente de su parroquia, unos meses, por causa de una doncellita sirviente, cuyo padre dio parte al Juzgado y al obispo: un milagro que no ha trascendido aún al gran público: ya trascenderá.
>
> En la penitenciaría femenina de Saverne (Francia), se descubre un infanticidio. Registra la justicia la casa y encuentra que la culpable es una Hermana de la Caridad.»[79]

Finalmente encontramos un último caso de infanticidio relacionado con monjas en el periódico *El Nuevo Régimen* en su publicación del 16 de octubre de 1906, si bien se trata del caso ya comentado de doña Agueda. El autor que firma la columna titulada «Los negociantes de la religión», esta vez de nombre cono-

---

78   Véase «Un misterio» en *El Liberal*, Madrid, 2 de junio de 1884, núm. 1783 y «Manojito de flores místicas» en *El Motín*, Madrid, 1 de julio de 1884, número extraordinario.

79   «Ramillete de moral eclesiástica» en *El País*, Madrid, 9 de septiembre de 1907, núm. 7368?

cido, es Ramón León Máinez y simplemente realiza un resumen del ya mencionado caso citando textualmente extensos párrafos de la obra de Llorente. Lo interesante del artículo es que también recoge un caso de infanticidio supuestamente cometido por un cura que comentaremos a continuación.

6.2. Infanticidios relacionados con sacerdotes

Una vez concluido el análisis de casos de infanticidio relacionados con monjas y conventos, algunos de ellos probados, otros no tan claros, vamos a comentar los casos de infanticidio cometidos por sacerdotes que figuran en artículos de prensa de la Hemeroteca Digital de la Biblioteca Nacional.

El caso que encontramos en el periódico *El Nuevo Régimen* y que acabamos de enunciar es también confuso y los datos varían en función de la ideología de la fuente que se consulte. En el artículo de Ramón León Máinez «Los negociantes de la religión», se informa de un infanticidio cometido en Camuñas, en el arzobispado de Toledo. Parece ser que en esta localidad fue encontrado un niño muerto en la casa del cura, metido en un cajón y envuelto en ropas de iglesia. Al ser llamado el médico para cortar una fuerte hemorragia que el ama del cura padecía, éste preguntó por la criatura, ya que era evidente que la mujer acababa de dar a luz. El recién nacido fue encontrado muerto, como hemos mencionado dentro de un cajón, y los hechos fueron denunciados por el médico al Juzgado de Madridejos. No se ofrece más información sobre el caso en este artículo, pero el autor resalta que el sacerdote sospechoso era protegido de un tal cardenal Sancha. En diferentes fuentes hemos encontrado que los sacerdotes que vivían en pareja disimulaban su concubinato camuflando sus cónyuges en forma de sirvientas, criadas o amas de llaves, como en este caso.[80]

---

80   Tanto para el caso de doña Águeda como para el de Camuñas véase «Los negociantes de la religión» en *El Nuevo Régimen*, Madrid, 16 de octubre de 1906, núm. 809.

Anteriormente a esta publicación del periódico *El Nuevo Régimen* (16 de octubre de 1906) encontramos otros artículos de prensa sobre el mismo caso con opiniones diferentes. El 28 de septiembre de 1906 el diario tradicionalista *El Correo Español* dedica una columna a este asunto con el título «Otra infamia más» en el que se asegura la inocencia del sacerdote. Este artículo parece en un principio mucho más riguroso que el anterior, ya que proporciona muchos más datos. El párroco de Camuñas se llamaba D. Modesto Cortés y la muchacha que da a luz, de nombre Francisca Martínez, era una prima de una sobrina del párroco y residía en la casa de éste desde hacía solo un mes y no le había comunicado su estado de buena esperanza. Que el cura no reparase en el estado de la muchacha no deja de ser sorprendente, pero el artículo insiste en la inocencia de Cortés argumentando que la propia Francisca habría confesado que el cura no era el padre de su hijo sino su prometido. En este artículo encontramos además otras inconsistencias con respecto al anterior como, por ejemplo, que no hubo ningún registro en la casa del cura, que el niño no habría sido encontrado en ropa de iglesia sino envuelto en una prenda de la madre y que este caso no habría sido denunciado por el médico sino que habría sido el propio cura el que habría dado parte a las autoridades. Sin embargo, el artículo no deja claro quién pudo haber perpetrado el infanticidio, no se sabe si fueron el padre o la madre, para evitar la deshonra, ya que estaban prometidos pero no casados, o el cura por ser el padre de la criatura o, aunque no lo fuese, para evitar el escándalo en su casa.[81]

Un día después, el 29 de septiembre de 1906, vuelve a tratarse el caso en el periódico *El País*. Este diario aporta más datos sobre el asunto. Parece ser que fue el día 15 cuando Francisca dio a luz, no siendo requerido el médico hasta el día 16 a las ocho de la noche, en vista de la gravedad de la hemorragia, y que no fue hasta el día 18 cuando fue descubierto el cadáver gracias

---

81   «Otra infamia más» en *El Correo español*, Madrid, 28 de septiembre de 1906, núm. 5340.

«al celo y rectitud de conciencia del médico, D. Ramón Castro Fernández». El periódico se sorprende de que nadie en la casa se percatase de que la mujer había dado a luz y se queja de que el juzgado no hiciese detenciones y que no se prestase declaración en los juzgados, sino que fuese habilitada la casa del cura como Audiencia. Además el artículo aporta un nuevo dato, y es que los estudios forenses indicaron que el infante había nacido con vida, cosa que los anteriores artículos no mencionaban, quedando así patente de forma inequívoca que se había cometido infanticidio. El columnista cierra el artículo quejándose de nuevo por el trato de favor que tuvieron los implicados al estar involucrado un cura, vuelve a afirmar que es inverosímil que nadie en la casa se percatase de la situación y añade que si los hechos se hubiesen producido en la casa de un librepensador y no de un cura habrían «encarcelado hasta el último vecino de ella».[82]

Otro caso de infanticidio relacionado con un sacerdote lo encontramos en Villafamés, provincia de Castellón. En el periódico *La Unión* figura un artículo sobre el caso con fecha 14 de noviembre de 1878. Parece ser que el cura de esta localidad convivía con una sobrina suya y que esta habría quedado embarazada. En el artículo se comenta que los vecinos venían observando una conducta extraña del cura con su sobrina (suponemos que se refiere en un sentido afectivo) y que pronto se corrió la voz de que esta había dado a luz y que se había cometido un infanticidio con la criatura. Después de los hechos, el sacerdote apareció tranquilamente en la iglesia para dar la misa, pero los vecinos se levantaron y salieron airadamente del templo. Cuando el sacerdote conoció la intención de los vecinos de organizarse y denunciar el caso ante el Ayuntamiento, éste les propuso marcharse del pueblo a cambio de que el caso no trascendiese. A pesar de los esfuerzos del cura, fue difundido un pasquín entre la población

---

82   «Camuñas —Más del infanticidio— Para los señores ministro de Gracia y Justicia y arzobispo de Toledo» en *El País*, Madrid, 29 de septiembre de 1906, núm. 6994.

denunciando el caso. El artículo informa de que el recién nacido habría aparecido muerto en el interior de una letrina.[83]

En un artículo posterior, publicado también en el periódico *La Unión* con fecha 10 de junio de 1879, conocemos la sentencia judicial del caso:

«Ya se ha dictado sentencia por el juzgado de este partido en la causa sobre infanticidio contra el cura de Villafamés, su criado y su sobrina «La Marieta», y de conformidad con la acusación, se condena a aquéllos a cadena perpetua, y a ésta a reclusión también perpetua y demás accesorias.»[84]

En un artículo de título «Un caso entre mil» del periódico anticlerical *El Motín,* publicado el 20 de agosto de 1892, encontramos de nuevo un compendio de actos criminales cometidos por clérigos, entre ellos un presunto infanticidio pero también algunas violaciones:

«La niña Concha Martín, de ocho años de edad, estaba sola en su casa en Málaga. Es hija de una pobre viuda, que tiene además un niño ciego.

D. José Villaverde Tellez, capellán de la cárcel, entra en la casa, se arroja sobre la niña, comete un acto infame y brutal, dejándola casi destrozada, y yéndose luego tan tranquilo a celebrar misa.

Descubierto el hecho por la madre, fue a ver al clérigo, quien le dio seis reales para que curase a su infeliz hija, presa ya de violenta calentura.

Hecha la denuncia ante el juzgado de la Merced, se extendieron las primeras diligencias y el reo fue llevado a la cárcel.

Aquí no caben comentarios. Cometen con tanta frecuencia hechos parecidos, y aún más repugnantes, los individuos del clero, que solo podemos desear que en este caso la justicia cumpla con su deber.

Ayer el beneficiado Recio en Salamanca con otra niña; el cura de Humanes con varios niños; el de Zangández con su criada, a quién

---

83   *La Unión*, Madrid, 14 de noviembre de 1878, núm. 94 (sin título).
84   *La Unión*, Madrid, 10 de junio de 1879, núm. 234 (sin título).

después asesinó, el de la Membrilla cometiendo un infanticidio... Hoy ese desgraciado de Málaga...

No hay clase que dé más contingente a la inmoralidad ni que predique más contra ella, secundada por los inmorales que se cubren con el manto de la religión».[85]

El infanticidio de Membrilla que menciona el periódico *El Motín* es un asunto complejo tratado por diversos diarios. Vamos a analizar con más detalle este caso que parece que terminó con la absolución del párroco después de haber sido condenado en firme por una primera resolución judicial. A continuación un resumen de los hechos a través de los periódicos *El Día, El Motín* y *La Correspondencia de España*.

En el diario *El Día* con fecha 2 de septiembre de 1888 encontramos una primera noticia al respecto:

«Dentro de pocos días se verá en juicio oral, ante la Audiencia de Manzanares, la célebre causa que por infanticidio cometido en el pueblo de Membrilla (Ciudad Real) se sigue al ama del cura párroco y a éste».[86]

Pocas semanas después, el 27 de septiembre de 1888, *El Motín* proporciona los detalles de la resolución judicial:

«En la causa que se seguía al ex cura de Membrilla, su ama y la madre de ésta, por el infanticidio de que oportunamente dimos noticia, ha recaído sentencia condenando al presbítero Esteban Galindo a quince años, seis meses y veintiún días de cadena temporal, a cuatro años de prisión correccional al ama, y a ocho y un día de prisión mayor a su madre.»[87]

Finalmente tenemos la noticia que informa de la absolución del párroco de Membrilla en marzo de 1889:

«La Sala segunda del Tribunal Supremo ha casado la sentencia dictada por la Audiencia de Manzanares en causa que se siguió con-

---

85   «Un caso entre mil» en *El Motín*, Madrid, 20 de agosto de 1892, núm. 34.

86   «Noticias varias» en *El Día*, Madrid 2 de septiembre de 1888, núm. 2995.

87   *El Motín*, Madrid, 27 de septiembre de 1888, núm. 38 (sin título).

tra D. Esteban Galindo, cura párroco de Membrilla, por supuesto delito de infanticidio.

En el nuevo fallo pronunciado por el Tribunal Supremo absuelve libremente al señor Galindo.»[88]

Un caso del que desconocemos su final es el del supuesto infanticidio relacionado con una señorita de Palencia llamada Mercedes de 36 años de edad y que se alojaba en la posada del 'Salmantino'. Ésta solía recibir la visita de un sacerdote que permanecía, según algunos testimonios, largos ratos en la habitación. Una noche Mercedes se puso enferma y pidió ayuda a la criada de la posada, minutos después daba a luz a una niña. La noticia que aparece en *El Liberal* el 1 de febrero de 1911 habla de infanticidio, pero al final dice que los testigos que habían declarado hasta ese momento afirmaron que la criatura nació muerta. La noticia de *El País*, publicada un día después, dice que se creía que el cura estaba liado con Mercedes y que las criadas de la posada habían sido detenidas. Ambas publicaciones dicen que la niña fue enterrada en una cuadra y que, en el momento de la publicación de la noticia, el cadáver ya había sido exhumado y la Justicia estaba intentando averiguar si se trataba de un infanticidio. Desafortunadamente no hemos encontrado noticias posteriores con más información al respecto.[89]

Lo mismo sucede con el caso de D. Prisco, un sacerdote de Huesca sobrino del obispo de esta ciudad, que según la prensa más radical habría cometido un infanticidio y estaría siendo protegido por la influencia de su tío. En sus artículos los periódicos se quejan de la falta de libertad y de que están sufriendo presiones y que no consiguen hablar con los implicados para dilucidar lo ocurrido. El periódico *El Motín* se queja, en su número 29 con fecha 18 de julio de 1912, de haber recibido una denuncia de

---

88   «Noticias de tribunales» en *La Correspondencia de España*, Madrid, 15 de marzo de 1889, núm. 11.306.

89   Véase «¿Infanticidio? - ¿Hija de un cura?» en *El País*, Madrid, 2 de febrero de 1911, núm. 8625 y «El cadáver de una niña - ¿Un infanticidio? – Criadas detenidas» en *El Liberal*, Madrid, 1 de febrero de 1911, núm. 1141?

la fiscalía y una visita de los jueces y destina el resto del artículo a defender la libertad de expresión. El mismo periódico en su número 33, publicado el 14 de agosto de 1913, se queja de que es imposible avanzar en la investigación al ser el sospechoso sobrino del obispo de Huesca y estar protegido por él. El periódico *El Radical* incide en su publicación del 6 de diciembre de 1914 en que hay un cura implicado en un infanticidio que es sobrino del obispo de Huesca. En los artículos encontrados no se sabe cómo terminó el caso, aunque parece ser que el sacerdote llegó a estar preso, según el último testimonio que encontramos también en *El Motín* con fecha 27 de mayo de 1915 en forma de poema irónico. El poema menciona el inicio del proceso judicial pero nada sobre su resultado; lamentablemente no hemos encontrado información posterior sobre el caso.[90]

En la edición del 18 de abril de 1903 del periódico *El País* figura el caso de un sacristán encarcelado por infanticidio en Guadalajara. Para ser rigurosos, las funciones de un cargo de sacristán son de asistencia a un sacerdote en la iglesia y éstos pueden tener condición de persona laica o religiosa. En este caso se trata de un laico, ya que tenía novia, que comete infanticidio junto a ésta muy probablemente para ocultar el fruto de relaciones prematrimoniales:

«María Tornico, de diecisiete años de edad, dio a luz en el pueblo de Córcoles un niño, el cual apareció al día siguiente muerto violentamente. Se cree que ella y su novio, el sacristán del pueblo, son los autores de la muerte de la infeliz criatura. Ambos han sido encarcelados y puestos a la disposición del juez».[91]

En la edición de *Las Dominicales del libre pensamiento* del 14 de junio de 1900 encontramos un caso bastante claro de infan-

---

90   Véase «Lenguaje viril» en *El Motín*, Madrid, 18 de julio de 1912, núm. 29, «¡Pobre Huesca!» en *El Motín*, Madrid, 14 de agosto de 1913, núm. 33, «Jesuiterías» en *El Radical*, Madrid, 6 de diciembre de 1914 y «Al gato de Huesca» en *El Motín*, Madrid, 27 de mayo de 1915, núm. 21

91   «Infanticidio» en *El País*, Madrid, 18 de abril de 1903, núm. 5736.

ticidio con un título inequívoco, «Otro crimen sacerdotal», que hace referencia a una noticia publicada en *El Ideal* de Lérida:

«Comunican de Isona la noticia de un grave crimen que ha escandalizado a toda la comarca y ha causado verdadera consternación en las gentes.

Trátase de un infanticidio cometido en el caserío de Boixols. El domingo último fue hallado bajo un montón de piedras cerca del cementerio viejo de aquel pueblo, el cadáver, envuelto en unas enaguas, de una niña recién nacida, que presentaba evidentes señales de haber sido muerta violentamente, y que tenía atados el cuello y las manitas.

Por las indagaciones practicadas pudo venirse en conocimiento de que el día 21 del corriente, María Tomás, soltera, de 19 años de edad, ama del reverendo Vicario de la parroquia de dicho lugar, dio a luz una niña, de la cual no se ha tenido ninguna noticia posterior, por lo que han sido detenidos y puestos a disposición del Juzgado la María Tomás y el vicario parroquial, reverendo don José Rivas, de 60 años de edad, como presuntos culpables. Boixols pertenece al distrito municipal de Abella de la Conca.»

He ahí un ser más precipitado en la muerte y otros dos en la deshonra, sólo y no más que por la ley del celibato del clero.

¡Y se llama eso de institución divina!

¡Caiga sobre vuestra cabeza ese nuevo crimen, hipócritas y fariseos que mentís religiosidad!»[92]

También en *Las Dominicales del libre pensamiento,* con fecha 3 de mayo de 1900, encontramos el artículo «Santidad Sacerdotal», firmado por Antonio Echevarría, y que hace referencia a otro artículo publicado en *El Liberal* sobre un infanticidio que implicaba a un presbítero y a su ama:

«Otro horrible caso de los delitos que esconde el celibato del clero acaba de darse en Rucandio».

He aquí algo que sobre él escribe un corresponsal de *El Liberal:*

---

92   «Otro crimen sacerdotal» en *Las Dominicales del libre pensamiento*, Madrid, 14 de junio de 1900, núm. 937

'Cumpliendo lo prometido, puedo ampliar las noticias de mi última carta, relativas al infanticidio de Rucandio, del que son autores el presbítero don Silverio Cuevas y su ama de gobierno, la joven Benita Sáiz.

A ambos he visitado esta tarde, después de haberles sido levantada la incomunicación, y los dos, en sus espontáneas manifestaciones, han ratificado el juicio que tenía formado la opinión en esta comarca.

Están conformes en todo lo que al infanticidio respecta, y solo difieren en el hecho concreto de la estrangulación, por la que se inculpan mutuamente.

Detalles del más puro realismo pudiera comunicar a los lectores; pero la peculiar corrección que es ley en ese diario, me impide hacerlo.

A medida que se van conociendo los pormenores, se indigna más la opinión, de la que aún no se ha borrado el recuerdo del crimen de Zangández, aunque desde entonces hayan transcurrido once años.'»[93]

De nuevo en el periódico *El Motín* encontramos, en su edición del 26 de junio de 1897, un claro caso de infanticidio clerical que sin embargo quedó impune por la absolución de un jurado popular, a pesar de que los fiscales recomendaran penas muy duras para los acusados y de que el cura acusado confesara ser el padre de la criatura. Esto prueba la fuerte influencia social de la que el clero disfrutaba en la época. A continuación un extracto de la noticia que lleva el título «Juicios por jurados»:

«El sábado 12 del actual se constituyó en la Audiencia de Manzanares el Tribunal para juzgar una causa calificada de *parricidio, asesinato e infanticidio.*

Los hechos que dieron origen a esta ruidosa causa, según aparecen en los autos, son los siguientes:

Juana Olmo Munilla, joven hermosa de 18 años, vivía en el Tomelloso en compañía de su tía Juana Munilla y del presbítero D. Tomás

---

93   «Santidad sacerdotal» en *Las Dominicales del libre pensamiento*, Madrid, 3 de mayo de 1900, núm. 931.

Fernández Poblete, que vivía en dicha casa en calidad de huésped. En la noche del día 2 de octubre último, Juana Olmo se sintió enferma, dando a luz en la madrugada del día siguiente una niña de todo tiempo y viva.

En vista de la gravedad del caso fue llamada a altas horas de la noche la madre de la parturienta, Emilia Munilla, que vivía en otra casa distinta de la habilitada por el cura, la joven y la tía, y una vez reunidos los cuatro y verificado el parto, hicieron desaparecer las huellas de éste lavando la habitación y las ropas que se habían utilizado, conviniendo los cuatro, para impedir el descubrimiento de la deshonra de las personas que en él habían intervenido, hacer desaparecer la criatura bajándola a la cueva, donde ya muerta, la escondieron entre un montón de paja que allí había.

Habiéndose agravado Juana Olmo a consecuencia del parto, y de cuyas resultas falleció, fue llamado para asistirla el médico titular del Tomelloso D. Manuel Ortiz, y por los síntomas de la enferma comprendió en seguida que se trataba de las consecuencias de un parto que la familia trataba de ocultarle, y dio conocimiento al juzgado municipal de dicha población, que instruyó las primeras diligencias y encontró el cadáver de la niña en el sitio de la cueva donde lo habían escondido.

Fueron todos presos, confesándose el presbítero padre de la criatura muerta y siendo todos enchiquerados.

Terminado el proceso, el Teniente Fiscal D. Bernardo Longué sostuvo en el acto de la vista, que se verificó a puerta cerrada, sus conclusiones provisionales, por las que se solicitaba la pena de muerte para D. Tomás Fernández Poblete, cadena perpetua para Juana Munilla y nueve años para Emilia Munilla.

Hizo el resumen el presidente del Tribunal, D. Pedro Escobar, y el jurado dictó veredicto de inculpabilidad para los tres procesados, que fueron puestos inmediatamente en libertad.

Ningún periódico enemigo del Jurado ha condenado el fallo del de Manzanares; se trata de salvar a un cura para quien se pedía pena de muerte, y no se han atrevido a dar su opinión.

Yo voy a darla, y en esta forma:

'Mientras la reacción clerical domine, el Jurado en España será lo que ella quiera.'»[94]

En la localidad de Monasterio (Guadalajara) encontramos un caso de infanticidio clerical del que se hacen eco numerosos periódicos. En la edición del 31 de agosto de 1894 de *Las Dominicales del libre pensamiento* se aprovecha el caso para hacer un alegato en contra del celibato como causante principal de este tipo de infanticidios:

«La criada de un cura del pueblo de Monasterio (Guadalajara), ha dado a luz un niño, y para ocultar su deshonra ha matado a su hijo.

¿Qué quién ha sido el autor de la deshonra?

El cura, contra el cual y en tal concepto se ha dictado auto de prisión.

Repetición millonésima del mismo crimen.

No hubiera habido infanticidio si no hubiera habido deshonra, no hubiera habido deshonra si no hubiera habido clérigo célibe. En suma: no hubiera existido ese nefando crimen, y con él los millares que se vienen cometiendo de la misma índole, sin la existencia del celibato del clero.

¿Cuál es el verdadero criminal?

El celibato del clero.

Mientras no agarrote la sociedad a ese criminal, todo otro castigo será inútil».[95]

En la edición del 28 de agosto de 1894 de *La Justicia* encontramos más información sobre los implicados en el caso:

«Se ha dictado auto de procesamiento contra el cura de Monasterio, D. Antonio Gomara y su sirvienta Petra Vicente, por causa de infanticidio.

Ambos procesados se recriminaron en presencia del juez de Cogolludo, cuya actividad es digna de elogio.

---

94   «Juicios por jurados» en *El Motín*, Madrid, 26 de junio de 1897, núm. 26.

95   *Las Dominicales del libre pensamiento*, Madrid, 31 de agosto de 1894, núm. 629 (sin título).

El sacerdote tiene sesenta y seis años de edad, la sirviente madre del niño asesinado, solo cuenta diez y nueve.»[96]

En un artículo publicado en *La Iberia* con fecha 23 de agosto de 1894 conocemos los detalles del fallecimiento de la criatura:

«El 20 del actual recibió aviso del juzgado de Cogolludo de que en el pueblo de Monasterio se había cometido un infanticidio. [...]

Fue detenido dicho cura párroco D. Antonio Gomara Matute, el cual ingresó en la cárcel de Cogolludo a las nueve de la noche de dicho día en concepto de incomunicado.

El día 21 se constituyó de nuevo el Juzgado en el pueblo de Monasterio, acompañado de dos médicos, los distinguidos Sres. Indalecio de Frías y D. Eduardo García de la Beldad, los cuales practicaron la autopsia en el feto; y efectivamente, después del minucioso reconocimiento, resultó que dicho niño falleció a consecuencia de una gran compresión por asfixia.»[97]

De nuevo en *La Justicia* tenemos un artículo sobre el tema con fecha 24 de agosto de 1894 con el título «Los crímenes del clero» que, sin embargo, no aporta datos nuevos.[98] Finalmente, también en otro artículo de *La Justicia* fechado ya en 1895 encontramos más información sobre el asesinato del niño y sobre la sentencia. A pesar de emitirse sentencia mediante jurado popular, esta vez los implicados no tuvieron tanta suerte y el jurado coincidió con la opinión de los fiscales:

«El día 17 de agosto de 1894, la joven Petra Vicenta Serrano, sirviente en casa del cura párroco de Monasterio, D. Antonio Gomara y Matute, dio a luz, auxiliada por el citado cura, un niño, al cual quitaron la vida ambos aquella misma tarde, por estrangulación metiéndole en un baúl, donde lo tuvieron encerrado hasta el 19 del mismo mes y año, día en que llamado el médico para que diera el parte de defunción, notó ciertos signos exteriores de estrangulación y lo notificó al juzgado de primera instancia. [...]

---

96   *La Justicia*, Madrid, 28 de agosto de 1894, núm. 2380 (sin título).

97   *La Iberia*, Madrid, 23 de agosto de 1894, núm. 13893 (sin título).

98   «Los crímenes del clero» en *La Justicia*, Madrid, 24 de agosto de 1894, núm. 2376.

El Jurado se mostró en un todo conforme con el parecer fiscal, y la Sala condenó al cura a la pena de cadena perpetua, y a Petra a tres años de prisión correccional, después de negar a los defensores de ambos procesados se revisara la causa por nuevo Jurado.»[99]

Otro tipo de infanticidio que vamos a encontrar en el ámbito eclesiástico, al margen del cometido como consecuencia de la ruptura del celibato para preservar la honra, es el de los malos tratos. Todos hemos escuchado hablar del tratamiento que se daba a los niños en algunos colegios de curas y monjas en el pasado, por ejemplo en época franquista o épocas anteriores. A continuación algunos ejemplos recogidos por el periódico *El País* y *El Globo*. Con el título «Otro fraile infanticida» publica el periódico *El País*, en su edición del 21 de noviembre de 1902, el caso de un fraile escolapio que mató a golpes a un niño:

«Durante toda la tarde de ayer continuaron los grupos en la calle de Borrull, frente a la casa del niño Luis Sanz Tarazona, muerto a consecuencia de la paliza que le propinó el padre Luis, escolapio.

Por la noche fue conducido el cadáver del niño muerto al depósito judicial.

La casa de los padres del niño muerto por el fraile es visitadísima.

El padre Luis, autor de este horrendo delito, prestó declaración ante el juez instructor.

Guárdase absoluta reserva, porque los frailes trabajan sin descanso apurando todos los resortes para ocultar el infanticidio.

Crece la indignación popular.

Varios grupos han apedreado el colegio de las Escuelas Pías.

Varios condiscípulos del niño muerto han declarado que el padre Luis le propinó una paliza formidable, golpeándole con saña brutal.

Se asegura que el mismo fraile había maltratado brutalmente a otros niños.

También se dice que los frailes han repartido dinero a los niños pobres para que no declaren la verdad.

---

99   «Infanticidio en Guadalajara» en *La Justicia*, Madrid, 22 de febrero de 1895.

Es casi seguro que se entablará la acción popular para que no quede impune el crimen del padre Luis. [...]»[100]

El 27 de enero de 1878, el periódico *El Globo* recoge el caso de un sacerdote de Busturia (Vizcaya) que se vuelve loco y mata a golpes a un sobrino suyo y deja herido a otro sobrino.[101]

Para concluir vamos a comentar algunos casos de infanticidio cometidos por sacerdotes fuera de nuestro país, todos ellos figuran también en periódicos españoles disponibles en la Hemeroteca de la Biblioteca Nacional.

Al otro lado del Atlántico encontramos dos casos en Cuba y uno en Argentina. En *La Correspondencia de España,* con fecha 6 de febrero de 1869, encontramos una breve reseña de un caso de infanticidio:

> «El obispo de La Habana ha enviado un eclesiástico para investigar el caso del cura párroco de Trinidad, que se halla preso por el delito de infanticidio».[102]

De un infanticidio cometido en Sagua la Grande, también en Cuba, da testimonio el periódico *El Motín* en su edición del 6 de noviembre de 1913 en un tono claramente satírico y anticlerical:

> «En Sagua la Grande (Cuba) se ha cometido un infanticidio que trae a la memoria el de Huesca.
>
> Los periódicos se limitaron a decir que se había aparecido un niño mutilado; que la autora del crimen había sido una joven de apellido Urquía y que el padre de la criatura era un vecino de aquella población.
>
> Más tarde se averiguó, según dice *La Conciencia Libre*, de Puerto Rico, que el padre era un jesuita del colegio de San Vicente de Paúl.

---

100   «Otro fraile infanticida» en *El País*, Madrid, 21 de noviembre de 1902, núm. 5588.

101   «Miscelánea» en *El Globo*, Madrid, 27 de enero de 1878, núm. 838.

102   *La Correspondencia de España*, Madrid, 6 de febrero de 1869, núm. 4096 (sin título).

Si los niños que han eliminado o contribuido a eliminar los frailes desde que se fundaron pudieran reunirse en legión, serían más numerosas que los angélicos (¿?) que nos dicen.

Y si se les agregan los que han profanado, no cabrían en un continente.

El fraile es el natural enemigo del hombre, pero especialmente del niño.»[103]

El Liberal hace referencia en su edición del 21 de abril de 1883 a una noticia publicada por *La Tribuna Nacional* de Buenos Aires que dice así:

«En una zanja próxima a la ciudad se vio flotar una caja de galletas de gran tamaño, perfectamente cerrada, y al abrirla un inspector de policía, encontró el cadáver de un niño recién nacido con una cuerda al cuello. La criatura había vivido unas veinte y cuatro horas, y muerto por estrangulación.

Instruido el sumario, fueron presas dos personas muy conocidas. Resulta que un sacerdote se introdujo en casa de una familia respetable a pretexto de confesar y sedujo a una joven, la cual dio a luz, y que el instigador del infanticidio fue también el sacerdote.»[104]

Volviendo a Europa, encontramos varios casos de infanticidios cometidos por sacerdotes fuera de nuestras fronteras, por ejemplo en Francia, Italia y Portugal.

En el periódico *La Iberia* encontramos un caso publicado el 23 de marzo de 1861 que implicó al párroco de la feligresía del Lavre, en el concejo de Monte-Mor el Nuevo (Portugal):

«Tenemos pormenores acerca del crimen de infanticidio cometido por el Padre Francisco Guillermo Leal-Biquer, párroco de la feligresía del Lavre, concejo del Monte-Mor el Nuevo.

Tenía en casa de una tía una hermana muy bien parecida y seduciéndola a que se fuese a vivir con él, tuvo de ella un hijo. Bautizólo él mismo como párroco, cogiólo por la garganta y, después de ahogarlo, abrió una sepultura en su misma casa y lo enterró.

---

103   «¡Pobres niños!» en *El Motín*, Madrid, 6 de noviembre de 1913, núm. 45.

104   *El Liberal*, Madrid, 21 de abril de 1883, núm. 1374 (sin título).

Dos años transcurrieron sin que las autoridades locales hicieran caso de los rumores populares que desde luego se levantaron respecto de aquel crimen, hasta que por último una denuncia formal y circunstanciada condujo a la autoridad administrativa al descubrimiento del esqueleto y a adquirir las pruebas de la criminalidad del sacerdote, que se halla encausado y preso.

Procuraremos averiguar la conducta que el juez de derecho y el delegado de Monte-Mor observen en el juicio de este criminal, en cuyo favor, se nos dice, aunque no respondemos de ello, se han puesto en juego influencias protectoras, resultado de otras influencias electorales».[105]

En *Miscelánea de comercio, política y literatura* encontramos en su número 457, publicado el miércoles 30 de mayo de 1811, un caso en el que un cura aconseja deshacerse de un niño abandonado en Ponte de Lima (Portugal):

«Escriben de Ponte de Lima con fecha de [día ilegible] de abril el caso siguiente: en una de estas noches pasadas expusieron a la puerta de una pobre mujer de la feligresía de *Santa Marinha* en el término de esta villa, un niño recién nacido. Al día siguiente le presentó ella al párroco de dicha feligresía para que lo bautizase y le pidió una certificación que hiciese constar haber recibido el niño este sacramento, ya que era hijo de padres desconocidos, sin cuyo requisito no se admiten en la inclusa los niños que se encuentran a las puertas de particulares. El piadoso varón la respondió que la criatura estaba ya bautizada, y que así podía tirarla a un pozo, pues su alma estaba ya salva, y el cuerpo de nada servía, y que si quería la certificación, le llevase primero 12 veintenes [un veintén es un escudo de oro por valor de 20 reales]. La pobre mujer más humana que el cura, llevó a la inclusa al niño, pero como no llevaba la certificación no se lo admitieron. Es regular que este inocente haya muerto por falta de alimento, en cuyo caso el cura es culpable del infanticidio que aconsejó.»[106]

---

105   *La Iberia*, Madrid, 23 de marzo de 1861, núm. 2045 (sin título).

106   «Noticias extranjeras, Lisboa 19 de mayo» en *Miscelánea de comercio, política y literatura*, Madrid, 30 de mayo de 1811, núm. 457.

En Francia encontramos también numerosos casos de infanticidio en el ámbito eclesiástico.

En *La Justicia* con fecha 3 de noviembre de 1890 encontramos un artículo en tono muy irónico:

«El tribunal de Dime (Francia) ha condenado por infanticidio al cura José Pallán que estranguló a una criatura recién nacida, enterrándola luego en un jardín inmediato a la iglesia parroquial.

Sin duda el tribunal no tuvo en cuenta al condenarlo los fines que se propuso el cura al matar al niño; primero el que su alma fuera al cielo y segundo el abonar el jardín.

Porque ante todo el cura era católico, y por consiguiente, lo que procuraba era la salvación de un alma.

¡Qué injustos son los tribunales franceses, ni siquiera reconocen este ejemplo de caridad cristiana!»[107]

En *El Motín* figura un infanticidio en su edición del 5 de noviembre de 1890 cometido por un párroco de la Rochette-en-Bois y condenado por el jurado de Valence (Francia).[108] El artículo no proporciona muchos detalles pero pocos meses después fueron publicados más detalles sobre este terrible caso en el mismo periódico con fecha 25 de febrero de 1891:

«Ante el tribunal de la Drôme (Francia) ha comparecido el cura Peillard, párroco de la Rochette-en-Bois, acusado de infanticidio. Los detalles del acta de acusación son verdaderamente horrorosos.

Según ella, Peillard había sostenido relaciones con la joven María Veyne, que no tardó en quedar en estado interesante. El embarazo se ocultó cuidadosamente hasta el instante del alumbramiento, al que ayudó ¡tal como suena! el páter, haciendo levantar a María, cogiéndola en sus brazos y sacudiéndola bruscamente hasta que le hizo expulsar la criatura. En seguida cogió a ésta, la ahogó envolviéndola estrechamente en un lienzo y la enterró en el jardín. Posteriormente exhumó el cadáver y no ha sido posible encontrarlo hasta la fecha.

---

107   *La Justicia*, Madrid, 3 de noviembre de 1890, núm. 1085 (sin título).

108   *El Motín*, Madrid, 5 de noviembre de 1890, núm. 60.

Este horrendo crimen probará una vez más las monstruosidades a que da lugar el celibato eclesiástico».[109]

Esta noticia también aparece en *Las Dominicales del libre pensamiento*, en su edición del 31 de enero de 1891.[110]

En *El País* figura otro caso de infanticidio en Francia en su edición del 6 de mayo de 1907. Además de analizar el caso, el artículo hace referencia al gran número de sucesos trágicos de este tipo cometidos en el país vecino:

«Apenas extinguido el eco de las místicas hazañas del dominico P. Juncos, nos trae la prensa el relato de las del cura francés Larquemín y también su efigie, que denuncia al bribón más sinvergüenza posible entre los curas de su tierra, y los hay de buten.

Los hechos los de siempre: seducción de mujeres, trapicheos y... el infanticidio de costumbre, el inevitable, el fruto óptimo del celibato eclesiástico o monacal. De aquí la intervención de la policía y de los jueces que en Francia no respetan hábitos, sean del color que fueren y por último una condena infamante que ya a primeros de mayo, debe ser lo menos la ciento y tantas de su género eclesiástico en la República vecina.

Mas no es esto lo que me hace consignar la *caída* del abate Larquemín, sino una frase dicha por él en la cárcel a varios visitantes: 'Compadecedme, pues ya no tendré amigos en el clero alto ni bajo; no hay perdón para mí, *no por haber delinquido sino por haberme dejado coger.*'

Ahí, en esas palabras, está bien expresada toda la ética asquerosa de la Iglesia romana: sed inicuos, canallas, ladrones, viciosos, infanticidas; pero no dejéis asidero a la justicia: esto es lo que no os perdonaré nunca.

Se explica, pues, que la Iglesia tema tanto al derecho común en una nación bien regida, como los criminales de oficio a la Guardia civil y a los togados».[111]

---

109   «Manojo de flores místicas» en *El Motín*, Madrid, 25 de febrero de 1891, núm. 16.

110   *Las Dominicales del libre pensamiento*, Madrid, 31 de enero de 1891, núm. 432 (sin título).

111   *El País*, Madrid, 6 de mayo de 1907, núm. 7213 (sin título).

En *El Motín* con fecha 13 de marzo de 1897 viene una asombrosa estadística de delitos cometidos por eclesiásticos franceses a colación de un intento de abusos por parte de un cura a una niña en la calle del Robador en Barcelona:

«Durante el año último han sido condenados por los Tribunales franceses a diferentes penas, nada menos que DOSCIENTOS CUARENTA ECLESIÁSTICOS, *cincuenta y cuatro* por atentados al pudor, estupro, sodomía o infanticidio.

Y no se crea que estos CRIMINALES fueran curas de misa y olla: entre ellos hay profesores de seminarios, directores de colegios y hasta todo un *Monseñor* camarero del Papa.»[112]

Para concluir con el ámbito eclesiástico francés podemos citar la edición de *El Globo* del 3 de marzo de 1907, que informa de una condena a un cura en Montpellier por infanticidio.[113]

Cerramos el comentario de artículos de prensa de la Hemeroteca de la Biblioteca Nacional con un caso de infanticidio eclesiástico cometido en Italia y publicado en *La Iberia* el 30 de octubre de 1880:

«En Castrorégio, provincia de Cosenza (Italia), ha sido arrestada una joven que destrozó entre sus manos a una criatura. Lo grave del caso es que también ha sido preso el cura párroco de Castrorégio, acusado como promotor del infanticidio.»[114]

7. Infanticidios cometidos por sacerdotes y monjas de otros archivos europeos

El problema fundamental a la hora de buscar información sobre este tema en archivos extranjeros es el mismo que en el caso de los archivos españoles; es decir, no suelen encontrarse a simple vista acusaciones por infanticidio contra religiosos ni religiosas,

---

112   «Remedio al mal» en *El Motín*, Madrid, 13 de marzo de 1897, núm. 11.

113   «Crónica - La nobleza de Francia y sus recientes escándalos» en *El Globo*, Madrid, 3 de marzo de 1907, núm. 11352.

114   *La Iberia*, Madrid, 30 de octubre de 1880, núm. 7355.

sino que figuran otro tipo de delitos. Para la realización de este trabajo hemos realizado búsquedas online en archivos de los principales países católicos europeos como Alemania, Francia, Irlanda, Italia y Portugal y también en Inglaterra con fecha anterior a la prohibición de las órdenes religiosas, no obteniendo resultados favorables en casi ninguno de ellos. Al solicitar más información o ayuda en estos archivos, la respuesta suele ser que con toda probabilidad sus fondos cuentan con casos de infanticidio en el ámbito eclesiástico pero que los buscadores contienen información limitada, por tanto es preciso afinar las búsquedas *in situ* en el archivo y si no se puede acudir personalmente es necesario contratar los servicios de algún investigador que lo haga. Los propios archivos cuentan con bases de datos de documentalistas colaboradores que ofrecen sus servicios, sin embargo hay que contar con precios bastante elevados por cada hora de búsqueda y nunca se sabe a ciencia cierta cuánto tiempo va a durar dicha búsqueda. Por este motivo, dado que hemos encontrado suficientes casos de infanticidio cometidos por monjas y sacerdotes en España y en otros países europeos en las bases de datos del AHN y de la hemeroteca de la BNE, en testimonios de otros autores y en otro tipo de fuentes, y debido al elevado coste económico que ello conllevaría, hemos renunciado tanto a contratar a documentalistas como a realizar búsquedas *in situ* en el extranjero. A pesar de ello hemos conseguido dos casos de archivo de Portugal y Alemania respectivamente que serán comentados a continuación.

7.1. Un prior infanticida en Portugal

En primer lugar podemos citar un caso registrado en el *Archivo Nacional Torre do Tombo* (Lisboa) con fecha de 1817. El documento lleva el título «Autos de apelaçao crime em que é réu Agostinho José de Almeida e autores Manuel Felizardo, Joaquim Freire da Silva Franco e Manuel Francisco Palreiro» (Autos de apelación en el que el reo es Agostinho José de Almeida y conforman la acusación Manuel Felizardo, Joaquim Freire da Silva Franco y Manuel Francisco Palreiro). El cargo del reo era el de prior de la feligresía de São Miguel de Machede, en el término municipal de Évora, y es acusado de faltar a las obligaciones de su ministerio y del crimen de infanticidio.[115]

7.2. Una monja infanticida en Alemania

Finalmente vamos a comentar un caso encontrado en el Archivo Federal de Alemania en Berlín (*Deutsches Bundesarchiv*), fechado el 16 de diciembre de 1940, que implica a una monja alemana llamada Karoline Beer.[116]

Karoline Beer, nacida el 5 de junio de 1909 en Pielenhofen y conocida como la hermana Helingatha, fue desde 1929 una religiosa franciscana del convento de Mallersdorf, en la localidad bávara de Eisenärzt (municipio de Siegsdorf, distrito de Traunstein).

La noche del 12 al 13 de diciembre de 1940 habría dado a luz en secreto a un niño en la residencia de descanso de las hermanas en Eisenärzt, cerca de Ruhpolding. Acto seguido habría envuelto al niño en una toalla y lo habría depositado en el frío almacén de la casa. Media hora después lo habría arrojado por la ventana del almacén al patio nevado del edificio, desde una altura de 6 metros.

El niño fue encontrado muerto a la mañana siguiente. Aunque la autopsia no consiguió determinar si el infante había nacido con vida y aunque la monja declaró que ni siquiera lo había mirado, la sentencia aprecia intención criminal, ya que la madre primero deposita al niño en el frío almacén y media hora después lo arroja por la ventana, con toda probabilidad para cerciorase de que el infante estuviese muerto.

---

115   Arquivo Nacional Torre do Tombo. Signatura: Feitos Findos, Processos-Crime, Letra A, mç. 8, n.º 1, cx. 22 (solo en portugués).

116   Deutsches Bundesarchiv. BArch R 3001 (Reichsjustizministerium)/175682.

La hermana fue detenida 12 semanas de forma preventiva, primero en un hospital y posteriormente en una prisión judicial, en ambas ocasiones en el distrito de Traunstein.

Las investigaciones determinaron que la acusada había servido en la cocina del hogar infantil de la localidad de Ruhmannsfelden entre 1934 y 1940. En la primavera de 1940 la monja habría tenido relaciones sexuales con varios hombres en este lugar y habría quedado embarazada. En octubre de 1940 se había instalado en la residencia de Eisenärzt, lugar en el que daría a luz, ocultando el embarazo en su entorno.

La sentencia es realmente sorprendente. Karoline Beer es acusada de intento de infanticidio y condenada a tan solo un año de cárcel, por supuesto restando las 12 semanas que pasó en prisión preventiva. La condena tiene en cuenta el dato de que la autopsia no pudo determinar si el niño había nacido con vida y que la iluminación deficiente no permitió a la madre saber con total certeza si el bebé había nacido vivo o muerto. A pesar de que la sentencia aprecia intención criminal, al no poder probarse que el niño había nacido con vida, solo se aplica la condena de intento de infanticidio. La sentencia dice así:

«Die Angeklagte ist damit schuldig der versuchten Kindstötung (StGB. §§ 217 Abs. I, 43): Sie hatte den Entschluss gefasst, ihr uneheliches Kind, falls es lebe, zu töten (...).»[117]

La procesada se benefició además del atenuante de ser monja ya que, según la sentencia, su condición de religiosa pudo llevarle a cometer el delito debido a la vergüenza y presión social.

---

117   «Se encuentra culpable a la acusada de intento de infanticidio (Artículo 217, párrafo I, 43 del Código Penal Alemán): ésta había tomado la determinación de matar a su hijo ilegítimo en caso de que este viviese [...].» Deutsches Bundesarchiv. BArch R 3001 (Reichsjustizministerium)/175682, 0010.

VII

PROSTITUCIÓN EN LOS CONVENTOS: ¿FICCIÓN O REALIDAD?

Éste es, sin duda, uno de los temas más controvertidos del libro. A título personal, no me sorprende que frailes, sacerdotes y monjas tuviesen relaciones sexuales fruto de la represión ocasionada por la imposición del celibato y que cometiesen infanticidios con frecuencia sobre sus propios vástagos para evitar el escándalo, la deshonra y el estigma social. Por otro lado, tampoco me sorprende que, si bien no fuese una práctica generalizada, sí que fuese bastante frecuente como atestiguan los archivos y crónicas de prensa analizados. Ahora bien, que en los conventos se celebrasen orgías con la nobleza como vía de financiación de estas instituciones religiosas, y que las monjas ejerciesen de forma sistemática la prostitución en algunos conventos, resulta más difícil de creer. De hecho, existe una tesis doctoral en inglés sobre la crónica de Zimmer, realizada por Erica Bastress-Dukehart, en la que la autora manifiesta que las crónicas recogían leyendas y bulos de la época y que el autor de la crónica de Zimmer no fue testigo directo de muchas de las afirmaciones que la crónica realiza, ya que estas se recogen de la tradición oral. Tras descubrir esta fuente, me he puesto en contacto con el archivero del castillo de

Meßkirch, el Dr. Armin Heim, lugar donde se escribió la crónica y, además de compartir la opinión de Bastress-Dukehart, afirmó que muchas de estas historias hay que entenderlas dentro de un contexto anticlerical.

A pesar de ello, a continuación enumeramos algunas de las fuentes que tratan sobre la prostitución en los conventos:

- La *Crónica de Zimmer*, escrita a mediados del siglo XVI por el noble Froben Christoph von Zimmern en el castillo de Meßkirch en Baden-Wüttenberg, en la que se hablan de las orgías celebradas entre nobles y monjas en algunos conventos alemanes.

- El apartado «Los conventos son verdaderos burdeles...» del libro *Historia sexual del cristianismo*, en el que su autor, Karlheiz Deschner, cita varios casos de prostitución en conventos e incluso legislaciones en contra de la competencia desleal que las monjas ejercían con respecto a las prostitutas convencionales.

- *Das Geschlechtsleben in der deutschen Vergangenheit* de Max Bauer (en español *La vida sexual en la Alemania del pasado*) que incluye referencias a la Crónica de Zimmer y a otras fuentes.

- Der *Pfaffenspiegel – Historische Denkmale des christlichen Fanatismus* (en español *El espejo del clero – Hitos históricos del fanatismo cristiano*) de Otto von Corvin, un libro muy duro contra el comportamiento sexual del clero y tachado expresamente de anticlerical por algunos autores.

- *Geschichte der Sexualität – Von den Anfängen bis zur Gegenwart. Sudwestdeutschland und seine Nachbargebiete* de Gerhard Fritz (en español *Historia de la sexualidad – Desde los orígenes a la actualidad. Alemania suroccidental y sus territorios vecinos*). Un volumen muy completo también con referencias a la Crónica de Zimmer y a otras fuentes.

En primer lugar, vamos a analizar por qué la hipótesis de que se ejerciese la prostitución en los conventos puede ser factible:

- Que una crónica recoja datos de la tradición oral y que el escritor no haya sido testigo de primera mano de lo que relata no significa necesariamente que la información sea incierta.

- La crónica de Zimmer es una crónica que habla de la tradición de una familia de nobles, la familia Zimmer. Es cierto que las familias tendían a mezclar realidad y ficción mitológica en las crónicas, pero lo hacían para engrandecer a la familia. No tiene mucho sentido inventar historias tan escabrosas con orgías en conventos e incluirlas en una crónica familiar. Si bien es cierto, que la autora de la tesis doctoral sobre la crónica y otras fuentes sí que mencionan que era una forma de hacer que la crónica familiar fuese más conocida y atractiva, por lo impactante de lo que allí se relata, con lo que estas fuentes podrían tener razón al respecto. Por otro lado, es posible que existiese algún tipo de enemistad o rivalidad entre las familias de nobles y el clero local; en este caso sí tendría lógica que incluyesen este tipo de historias aunque su veracidad no estuviese probada.

- Dicho todo esto, la crónica de Zimmer no es la única fuente que apunta a la práctica de la prostitución en los conventos. Veamos dos de las citas con la que empieza el capítulo 13 titulado «Las monjas» del libro de Karlheinz Deschner. La primera es del magistral Geiler von Kayserberg y dice así:

> «No sé si sería mejor que una hija entrara en un convento o en una casa para mujeres. ¿Por qué? Porque en el convento sería una puta [...]».[118]

A continuación incluye una segunda cita del teólogo y rector de la Universidad de París Nicolás de Clemanges:

---

[118]   Deschner 1989, pág. 141.

«Hoy en día, imponer el velo de novicia a una muchacha significa entregarla a la prostitución; ni más ni menos».[119]

- Otro hecho que figura en el libro de Deschner es el relacionado con las legislaciones para el control de la prostitución por parte de las autoridades. En el apartado «Los conventos son verdaderos burdeles [...]», el autor menciona que en tiempos de Carlomagno ya había religiosas que fornicaban por dinero y que el emperador tuvo que prohibirles que hicieran la calle poniéndolas, además, bajo vigilancia.[120] El autor continúa diciendo que el Sínodo de Aquisgrán proclamó que los conventos de monjas, más que conventos, eran casas de prostitución (lupanaria), y que ésta era una comparación que se repetía con frecuencia en el siglo IX.[121]

- Es cierto que el caso de Alemania suroccidental es escandaloso, pero Deschner menciona que en Rusia y Rumanía también existían conventos de este tipo.[122]

- En Suiza, el consejo municipal de Lausana ordenó a las monjas que no perjudicaran a las rameras. El término «perjudicar» es sinónimo en este contexto de lo que hoy entendemos por «competencia desleal». También el consejo municipal de Zúrich aprobó una severa ordenanza «contra las licenciosas costumbres de los conventos de mujeres».[123]

- Los puntos calientes que cita Deschner son los conventos de Chiemsee, Kircheim, el monasterio de Oberndorf, llamado el lupanar de la nobleza, Kirchberg, Gnadenzall, Interlaken, Frauenburn, Trub, Gottsatdt (Berna), Ulm y Mühlhausen. Ya hemos mencionado anteriormente que, debido a los continuos rumores, el obispo de Kastell visitó

---

119   Deschner 1989, pág. 141.
120   Deschner 1989, pág. 146.
121   Deschner 1989, pág. 147.
122   Deschner 1989, pág. 147.
123   Deschner 1989, pág. 148.

el convento de Söflingen (Ulm) encontrando a casi todas las monjas embarazadas.[124]

- Para intentar arrojar más luz sobre el asunto me he puesto en contacto con un especialista en el tema, el profesor Gerhard Fritz, autor el libro *Geschichte der Sexualität – Von den Anfängen bis zur Gegenwart. Sudwestdeutschland und seine Nachbargebiete* (en español *Historia de la sexualidad – Desde los orígenes a la actualidad. Alemania suroccidental y sus territorios vecinos*) y le he preguntado su opinión sobre la práctica de la prostitución en los conventos. Su respuesta literal ha sido «depende de lo que entendamos por prostitución». Con toda la información recopilada en este libro y la respuesta del profesor Gerhard Fritz, entiendo que los conventos tachados de lupanares por algunas fuentes no eran prostíbulos al uso a los que cualquier hombre podría recurrir, sino más bien lugares a los que ciertos nobles podían acudir a satisfacer sus necesidades sexuales con las monjas a cambio de generosas aportaciones económicas que ayudaban a los conventos a financiarse.

- Con este panorama no es de extrañar que se produjesen embarazos no deseados en masa y que las religiosas se deshiciesen de los neonatos practicando el infanticidio. No es casualidad, tal y como apunta Deschner, que en los conventos de Santa Brígida en Stralsund o en el de Mariakron se encontraran cabezas de niños o incluso cuerpecitos enteros, ocultos o enterrados, en aposentos secretos u otros sitios. El autor también cita el hallazgo del convento romano en el que aparecieron entre tres y seis mil cabezas de niños al drenar un estanque cercano.[125]

Con toda esta información es el lector el que debe formarse una opinión. El tema no solo es peliagudo, sino que afecta de lleno a la religión católica, mayoritaria en Europa Occidental e His-

---

124   Deschner 1989, pág. 148-149.
125   Deschner 1989, pág. 148.´.

panoamérica, con lo que también implica claramente al credo de muchas personas y a la confianza en la institución que representa su fe. Este libro podría servir para abrir el debate sobre el tema del celibato en la Iglesia católica, que se ha probado tan dañino y perjudicial, y el derecho al aborto. Hoy en día el infanticidio no es tan frecuente, pero autores como Pepe Rodríguez en su libro *La vida sexual del clero* han demostrado que es frecuente que algunos sacerdotes tengan relaciones amorosas con mujeres y cuando éstas quedan embarazadas se desentiendan de su responsabilidad o las obliguen a abortar.

CONCLUSIÓN

Durante la realización de este trabajo de investigación hemos encontrado casos de infanticidio cometidos por sacerdotes y monjas en los principales países católicos europeos y en otros países del mundo con fuerte presencia del catolicismo: Alemania, Argentina, España, Cuba, Francia, Italia, Polonia, Portugal, etc. Recordemos que el infanticidio dentro del ámbito eclesiástico está fuertemente condicionado por la imposición del celibato a sus ministros y, por lo tanto, afecta principalmente a los países católicos. En países de mayoría protestante habrá que investigar principalmente el periodo anterior a la Reforma y a la creación de las iglesias evangélicas nacionales. Por ejemplo, en Inglaterra, las órdenes religiosas fueron suprimidas por Enrique VIII alrededor de 1530; en el caso de Alemania, la Iglesia católica siguió estando presente después de la Reforma luterana del s. XVI, con lo que también podemos encontrar casos de infanticidio clerical después de esta fecha.

El principal objetivo de este trabajo de investigación es responder a la cuestión de si el infanticidio en el ámbito eclesiástico fue una práctica generalizada o aislada. Creo que los testimonios citados en este trabajo, especialmente las fuentes alemanas, los registros de hemerotecas y archivos, y las manifestaciones del inquisidor Juan Antonio Llorente, realizadas en base a su experiencia como custodio de los archivos inquisitoriales, dan respuesta a esta pregunta. En el sur de Alemania, especialmente en

Suabia, hemos comprobado cómo las relaciones sexuales en los conventos estaban a la orden del día y, con relación a la figura de Llorente, él mismo afirma que los archivos están plagados de casos de infanticidio conventual, a pesar de que únicamente recoge en su libro el del convento de la localidad navarra de Corella. Por todas estas razones, no es descabellado afirmar que, incluso admitiendo que no fuese una práctica generalizada, sí que ocurrían casos con relativa frecuencia.

Éste es sin duda un tema complejo y para comprender mejor por qué se produjeron estos crímenes tan horribles dentro de una institución que se alzaba como defensora de la moral y de los grandes valores hay que tener en cuenta algunas circunstancias. En primer lugar el celibato, que era impuesto a los miembros del clero, ya sea monjas o sacerdotes, intentando reprimir así algo tan natural como la sexualidad y el amor en pareja. Los numerosos ejemplos muestran que el celibato se incumplía frecuentemente con terribles consecuencias como la práctica del infanticidio para preservar la honra, debido a embarazos no deseados, u otras como las violaciones, abusos sexuales de menores, etc.

Otro factor clave que ya hemos mencionado, pero que conviene recordar de nuevo en este apartado, es la obligatoriedad o necesidad a la hora de ejercer la carrera eclesiástica, ya fuese como sacerdote o monja.

En el caso de los curas, no cabe duda que la carrera religiosa era una buena forma de ganarse la vida, especialmente en épocas como la Edad Media o Moderna, donde no había muchas más opciones, sobre todo para las clases bajas. Al ingresar en la Iglesia, se tenían cubiertas las necesidades básicas y se tenía acceso a la educación. Sin embargo, los votos religiosos eran también reclamo para las clases altas ya que, con la aplicación del mayorazgo, todos los bienes de la familia pasaban al primogénito para no diseminar el patrimonio y poder familiar, con lo que el resto de hermanos optaban frecuentemente por la carrera eclesiástica dentro de la que podían medrar fácilmente al proceder de familias acomodadas e influyentes.

En el caso de las monjas, ya hemos mencionado que muchas ingresaban en los conventos forzadas por sus familias por diferentes motivos, como pagar una dote inferior o simplemente deshacerse de una hija problemática o poco casadera. Por lo tanto, para comprender el infanticidio cometido por sacerdotes y monjas debemos desterrar de nuestras mentes el concepto de vocación religiosa, más habitual en la Edad Contemporánea que en la Edad Media o Moderna. Otro punto interesante en este contexto es la heterogeneidad de los conventos antiguamente. Hoy en día suponemos que los conventos femeninos están formados por mujeres con vocación religiosa; sin embargo, fuentes como *Les femmes délinquantes à Madrid (1700-1808) – Justice et societé en Espagne au XVIIIe siècle* (*Las mujeres delincuentes de Madrid – Justicia y sociedad en España en el s. XVIII*) de Christine Bénavidès revelan el enorme eclecticismo de estas instituciones en la Edad Moderna. La autora relata cómo muchos conventos servían, entre otras funciones, de cárceles o «casas de arrepentidas», es decir, centros de rehabilitación de mujeres de mala vida, sobre todo prostitutas y ladronas, que no servían de buen ejemplo a las religiosas más jóvenes y que eran objetivo de los galanes de monjas junto a las hermanas menos convencidas de su vocación.

Con este panorama no es de extrañar que en el ámbito eclesiástico se mantuviesen relaciones sexuales y que muchos de sus miembros reprimidos desarrollasen conductas patológicas e incluso delictivas fruto de la frustración, como es la práctica de violaciones y abusos sexuales, la pedofilia o el propio infanticidio, que es el tema que nos ocupa.

Como se ha mencionado, en el caso de los sacerdotes era frecuente que éstos tuviesen una concubina camuflada en forma de ama de llaves o criada. Durante la investigación se ha comprobado que muchos de los casos de infanticidio implicaban a sacerdotes y a sus amas. En el caso de las monjas, éstas solían quedar embarazadas principalmente de frailes o confesores miembros de conventos cercanos de los que los conventos femeninos dependían. Confieso que me han sorprendido los testimonios de los autores alemanes relativos a las orgías de la nobleza con monjas de conventos del sur del país; como se ha mencionado, parece que estas prácticas servían de financiación a estas instituciones religiosas.

Este trabajo de investigación tiene también el objetivo de animar a futuros investigadores que deseen tratar el tema más en profundidad, quizás en forma de tesis doctoral, ya que este estudio no pretende bajo ningún concepto ser definitivo y con toda certeza faltan numerosos casos por analizar que seguramente afloren al investigar *in situ* en los diferentes archivos.

Finalmente, el lector deberá decidir si los casos recogidos en la presente obra son suficientes para afirmar que el infanticidio cometido en el ámbito eclesiástico era una práctica frecuente. Debo decir que todos los casos que figuran en este libro responden a una investigación relativamente superficial realizada mayoritariamente online, con lo que tengo la total seguridad de que, al investigar *in situ* en los diferentes archivos, saldrían infinidad de casos a la luz, tal y como insinúa el inquisidor Llorente. Lamentablemente no puedo ocuparme de esta labor por atender mi profesión de traductor; con mucho gusto habría investigado personalmente *in situ* en los diferentes archivos españoles y europeos.

BIBLIOGRAFÍA

Fuentes primarias de archivo

Archivo Histórico Nacional (AHN). Sección de Inquisición: diferentes legajos citados en las notas al pie de página.

Arquivo Nacional Torre do Tombo. «Autos de apelaçao crime em que é réu Agostinho José de Almeida e autores Manuel Felizardo, Joaquim Freire da Silva Franco e Manuel Francisco Palreiro». Signatura: Feitos Findos, Processos-Crime, Letra A, mç. 8, n.º 1, cx. 22

Biblioteca Nacional de España (BNE). Hemeroteca Digital: diferentes artículos de prensa datados entre los siglos XVIII - XX y citados en las notas a pie de página.

Deutsches Bundesarchiv (Archivo Federal Alemán). BArch R 3001 (Reichsjustizministerium)/175682

Fuentes secundarias

AA.VV: «La problemática del infanticidio en las sociedades fenicio-púnicas». *Jornadas de Arqueología Fenicio-Púnica IX*, (Eivissa, 1994). Museo Arqueològic d'Eivissa i Formentera, 1995.

Bauer, Max: *Das Geschlechtsleben in der deutschen Vergangenheit*. Verlag von Hermann Seemann Nachfolger. Berlin und Leipzig, ¿1920?.

Bénavidès, Christine: *Les femmes délinquantes à Madrid (1700-1808): justice et société en Espagne au XVIIIe siècle*. Éditions OPHRYS. París, 2000.

Carreira, António: *O infanticídio ritual em Africa*. Bissau, 1971.

Cernuda, Olalla: «Canibalismo infantil en Atapuerca» *El Mundo*, Madrid, 25 de julio de 2006 (Disponible en línea http://www.elmundo.es/elmundo/2006/07/21/ciencia/1153500417.html).

Cook, G.H.: *English Monasteries in the Middles Ages*. Phoenix House LTD. Londres, 1961.

Corvin, Otto von: *Der Paffenspiegel – Historische Denkmale des christlichen Fanatismus* (1845). Jazzybee Verlag Jürgen Beck, Altenmünster.

Deschner, Karlheinz: *Historia sexual del cristianismo*. Editorial Yalde. Zaragoza, 1989.

Díez Borque, José María: «Eros de convento: poesía contra monjas en el Siglo de Oro español», pág. 71-109, en: López-Baralt, Luce / Márquez Villanueva, Francisco (editores): *Erotismo en las Letras Hispánicas - Aspectos, modos y fronteras*. Centro de Estudios Lingüísticos y Literarios. El Colegio de México, 1995.

EFE (Agencia): «Hallan gran número de niños enterrados en una fosa de un convento irlandés», Dublín, 3 marzo de 2017. (Disponible en línea: http://www.efe.com/efe/espana/sociedad/hallan-gran-numero-de-ninos-enterrados-en-una-fosa-un-convento-irlandes/10004-3197002).

Fleischer, Leonore: *Agnes de Dios*. Plaza & Janés Editores S.A. Barcelona, 1986.

Frattini, Eric: *Los Papas y el sexo*. Espasa Libros, S.L.U. Barcelona, 2015.

Fritz, Gerhard: *Geschichte der Sexualität – Von den Anfängen bis zur Gegenwart. Sudwestdeutschland und seine Nachbargebiete*. Verlag Regionalkultur. Heidelberg – Ubstadt-Weiher – Weil am Rhein – Basel, 2016.

González Hernando, Irene: «El infanticidio». *Revista Digital de Iconografía Medieval*, vol. V, n°9, 2013, pp. 29-42. (Disponible en línea: https://www.ucm.es/data/cont/docs/621-2013-11-21-Infanticidio_IRENE_GONZALEZ.pdf).

González Hernando, Irene: «Posiciones fetales, aborto, cesárea e infanticidio. Un acercamiento a la ginecología y puericultura hispánica a través de tres manuscritos medievales». *Miscelánea Medieval Murciana*, 2009, XXXIII; pp. 99-122. (Disponible en línea: https://digitum.um.es/jspui/bitstream/10201/16604/1/1033914135211PB.pdf).

Haliczer, Stephen: *Between Exaltation and Infamy – Female Mystics in the Golden Age of Spain*. Oxford University Press, Inc. New York, 2002.

Haliczer, Stephen: *Sexuality in the Confessional*. Oxford University Press, Inc. New York, 1996.

Hilpisch, Stephanus: *Die Doppelkloster: Entstehung und Organisation*. Verlag der Aschendorffschen Verlagsbuchhandlung. Münster in Westf. 1928.

Holliman, Siobhan: «Grove plan heads to Bord Pleanála amid burial claims», Tuam, 22/03/17. (Disponible en línea «http://www.tuamherald.ie/news/roundup/articles/2017/03/22/4137046-grove-plan-heads-to-bord-pleanla-amid-burial-claims/).

Llorente, Juan Antonio: *Historia crítica de la Inquisición de España: Obra original conforme a lo que resulta de los archivos del Real Consejo de la Suprema, y de los Tribunales del Santo-Oficio de las Provincias, Volúmenes 1-2*. En la imprenta del censor. Madrid, 1822

Llorente, Juan Antonio: *Historia crítica de la Inquisición de España: Obra original conforme a lo que resulta de los Archivos del Consejo de la Suprema, y de los tribunales de provincias*. Tomo VIII. En la imprenta del censor. Madrid, 1822.

Llorente, Juan Antonio: *Noticia biográfica o memorias para la historia de su vida. Escritas por él mismo*. En la imprenta de A. Bobék, calle de la Tableterie n°9? París, 1818. (Disponible en línea: *https://archive.org/details/noticiabiografi00llorgoog*.

López-Baralt, Luce / Márquez Villanueva, Francisco (editores): *Erotismo en las Letras Hispánicas - Aspectos, modos y fronteras*. Centro de Estudios Lingüísticos y Literarios. El Colegio de México, 1995.

Mayorga, Fermín: *Extremadura. Tierra de brujas*. Geva Grupo de estudios Vegas Altas, 2013.

Mederos Martín, Alfredo y Escribano Cobo, Gabriel: *Los aborígenes y la prehistoria de Canarias*. Centro de la Cultura Popular Canaria, 2002.

Molero, Valérie: «Un presunto caso de complicidad diabólica en el siglo XVIII: Alonso de Osuna y las religiosas del convento de Santa Clara de Antequera». *Revista de Dialectología y Tradiciones Populares*; 1 de enero de 1995; 50, 1; Periodicals Index Online pg. 221.

Monk, Maria: *The Awful Disclosures of Maria Monk*. (sin editorial) Distribuidor. MR. A. Campbell. P.O. BOX 92, Belfast. Northen Ireland (Otra versión disponible en línea: http://www.friendsofsabbath.org/Further_Research/SDAs/maria-monk-illus.pdf).

Mungello, D. E.: *Drowning Girls in China - Female Infanticide since 1650*. Rowman & Littlefield Publishers, 2008.

Oppeheimer, Walter «Irlanda indemniza a las mujeres de las lavanderías de la Magdalena», en *El País*, Londres, 26 de junio de 2013 (Disponible en línea: http://sociedad.elpais.com/sociedad/2013/06/26/actualidad/1372268715_608583.html).

Paz Torres, Margarita: «Demonio y mujer: La marca de Satán y el combate contra él». *Medievalia* 18/2 (2015), 325-353.

Pérez Escohotado, Javier: *Sexo e Inquisición en España*. Temas de hoy. Madrid, 1992.

Quiroga, Laura Cecilia: «De la concepción al nacimiento: La maternidad en las Cantigas de Santa María». *Temas medievales*. Volúmen.13, n.1., pp- 173-184. Buenos Aires ene./dic. 2005 (Disponible en línea: http://www.scielo.org.ar/scielo.php?script=sci_arttext&pid=S0327-50942005000100009).

Rodríguez, Pepe: *La vida sexual del clero*. Ediciones B.S.A. Barcelona, 1995.

Rodríguez Burón: *Compendio de la Historia Crítica de la Inquisición de España*, Volúmenes 1-2. París. En Casa de Tournachon-Molin, 1823 (Basado en Historia Crítica de la Inquisición de España de Juan Antonio Llorente, disponible en línea: https://ia801408.us.archive.org/14/items/compendiodelahi00burogoog/compendiodelahi00burogoog.pdf).

Rubio, Mauricio: «La maternidad de las monjas». *El Espectador*, 2 de marzo de 2016 (Disponible en línea: http://www.elespectador.com/opinion/opinion/la-maternidad-de-las-monjas-columna-619860).

Senta Lucca, Juan: *El sexo en los conventos*. Ediciones Sedmay. Madrid, 1976.

Tubella, Patricia: «Descubierta en Irlanda una fosa con casi 800 esqueletos de niños», *El País*, Londres, 4 de junio de 2014 (Disponible en línea: http://sociedad.elpais.com/sociedad/2014/06/04/actualidad/1401871142_079898.html).

Wolf, Hubert: *The Nuns of Sant´Ambrogio. The True Story of a Convent Scandal*. Oxford University Press, 2015.

Este libro ha sido realizado con la fuente de letra denominada Ibarra Real. Se trata de una bella tipografía histórica española que tiene su origen en la Imprenta Real de España, en tiempos de Carlos III (1759-1788), y que hoy, dos siglos y medio después, ha sido adaptada con el objeto de poder ser utilizada en nuevos soportes y con las actuales tecnologías.

De esta manera Última Línea desea apoyar y contribuir a difundir el extraordinario patrimonio cultural y tipográfico español.